Sandra Blum
Anja Ritterhoff
Heike Roland
Stefanie Thomas

Prinzessin

Das bezaubernde Bastelbuch

INHALTSVERZEICHNIS

Prinzessin

Haben Sie eine kleine Tochter, die sich nichts sehnlichster wünscht, als eine echte Prinzessin zu sein? Die am liebsten nur noch rosa Kleider tragen möchte, sich ein märchenhaftes Kinderzimmer wünscht und ein großes Faible für glitzernde Accessoires hat?

Dann wird dieses Buch Ihre Tochter und Sie restlos begeistern, denn Sie beide finden hier alles, was das Herz einer kleinen Prinzessin höher schlagen lässt: hübsche Verkleidungen, zauberhaften Schmuck, dekorative Einrichtungsgegenstände für das königliche Gemach, zahlreiche Geschenkideen und, und, und – alles natürlich ganz in Rosa und zum Selbermachen!

Entführen auch Sie Ihre kleine Prinzessin in eine märchenhafte Traumwelt mit viel Glitzer, Pomp und Rüschen.

Dabei wünschen wir Ihnen und Ihrer Tochter viel Spaß!

Schwierigkeitsgrad

- ♛ einfaches Motiv
- ♛♛ etwas schwierigeres Motiv
- ♛♛♛ anspruchsvolles Motiv

Tipps

Sie finden in diesem Buch zahlreiche Tipps und Tricks, damit Ihnen das Basteln noch mehr Spaß macht. Orientieren Sie sich bitte an den folgenden Symbolen:

Bastel-Tipp

Oft sind es nur ein paar kleine Handgriffe, die das Arbeiten leichter machen. Diese Kniffe verraten wir Ihnen bei den Bastel-Tipps.

Variations-Tipp

Das Modell sieht auch in einer anderen Farbe oder mit anderen Materialien toll aus? Bei den Variations-Tipps finden Sie Vorschläge, wie Sie das Modell abändern können.

Anwendungs-Tipp

Sie suchen ein Modell, das z. B. gut als Geschenk geeignet ist, oder Sie überlegen, wie und wofür Sie das Modell hinterher verwenden können? Dann helfen Ihnen die Anwendungs-Tipps weiter.

Einkaufs-Tipp

Wo bekomme ich was? Die Einkaufs-Tipps verraten, wo Sie am besten bestimmte Materialien einkaufen, damit Sie nicht stundenlang in verschiedenen Geschäften danach suchen müssen.

Spar-Tipp

Damit Sie noch genügend Geld für die anderen schönen Dinge des Lebens übrig behalten, zeigen wir Ihnen bei den Spar-Tipps Tricks und Möglichkeiten auf, die den Geldbeutel lachen lassen.

So geht es

ALLGEMEINE WERKZEUGE UND HILFSMITTEL

Folgende Hilfsmittel und Werkzeuge werden für die meisten der in diesem Buch gezeigten Modelle verwendet. Sie werden in den speziellen Materiallisten zu den einzelnen Modellen in der Regel nicht mehr aufgeführt:

- Transparentpapier
- harter und weicher Bleistift
- Radiergummi
- Schere
- Cutter mit passender Schneideunterlage
- Heißklebepistole
- UHU Alleskleber kraft
- Klebefilm
- verschiedene Pinsel

HINWEIS

- Unter „Rest" wird immer ein Stück verstanden, das maximal A5 groß ist.

Papierarbeiten

1 Das Transparentpapier auf die Vorlage legen und die einzelnen Motivteile darauf mit einem harten Bleistift übertragen. Darauf achten, dass es keine Überschneidungen gibt. Dann das Papier wenden und die Linien noch einmal mit einem weichen Bleistift nachziehen.

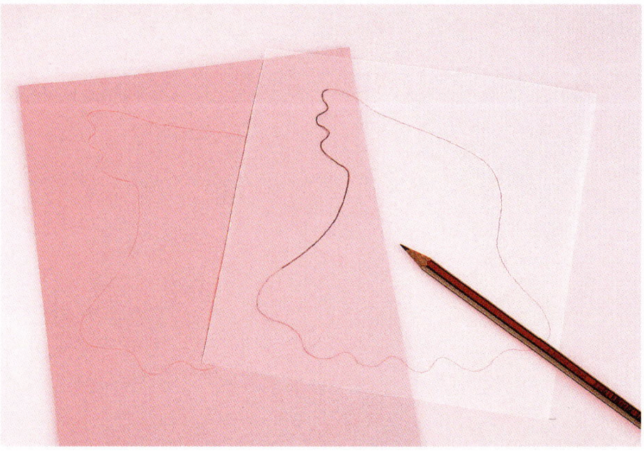

2 Das Transparentpapier wieder wenden und auf den Tonkarton in der passenden Farbe legen. Wenn man dann die Linien noch einmal mit einem harten Bleistift nachzieht, überträgt sich der Bleistiftgrafit von der Rückseite des Transparentpapiers auf den Untergrund. So alle Motivteile auf Tonkarton übertragen.

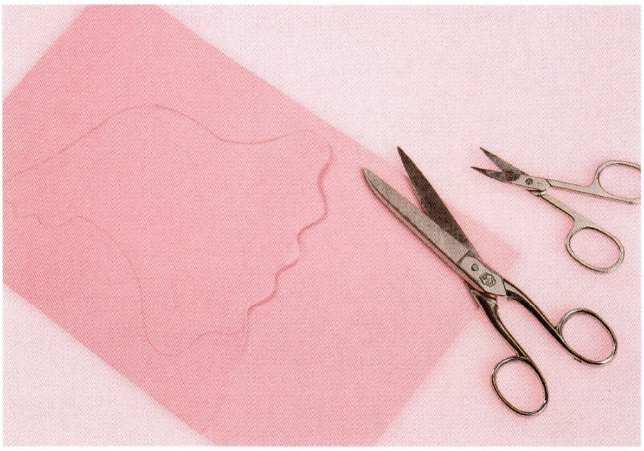

3 Die einzelnen Motivteile ausschneiden und wie abgebildet bzw. wie auf der Vorlage gezeigt zusammenkleben. Die restlichen Bleistiftlinien mit einem Radiergummi entfernen. Ggf. das fertige Motiv mit Filzstiften bemalen und evtl. mit kleinen Accessoires schmücken.

Arbeiten mit Holz

1 Die Vorlage vom Vorlagenbogen auf Transparentpapier abpausen. Dabei alle Markierungen für die Bohrlöcher und die Innenlinien mit einzeichnen. Das Kohlepapier mit der beschichteten Seite nach unten auf das Holz legen und die Transparentpapiervorlage auflegen. Dann die Linien nochmal nachziehen, damit sie sich auf das Holz übertragen.

2 Die Motive mit der Laub- oder Dekupiersäge aussägen und die benötigten Löcher bohren. Die Kanten und Bohrlochränder mit Schmirgelpapier glätten.

3 Dann die Motive mit Acrylfarbe bemalen. Bei vielen Modellen wird eine Nass-in-Nass-Technik angewendet. Dabei werden die Farben an den Übergängen und von den Schattierungen direkt auf dem Holz ineinander gemalt, solange die Farben noch feucht sind. Mit dieser Maltechnik erhält man fließende, weiche Farbübergänge. Nach dem Trocknen frei Hand (oder wieder mithilfe des Transparent- und Kohlepapiers) die Linien und andere Muster mit Permanentmarkern oder farbigen Lackstiften aufmalen.
Zum Schluss alle Teile nach Anleitung und Vorlage miteinander verbinden.

HINWEISE

- Manchmal werden die Motive mit einer schwarzen Außenlinie (mal durchgehend, mal gestrichelt) versehen, die aber auf den Vorlagen der Übersichtlichkeit halber nicht mit aufgemalt ist. Diese Außenlinien nach Belieben frei Hand mit aufmalen.
- Bei den schwarzen Pünktchenaugen sieht es lebendiger aus, wenn man mit einem weißen Lackstift noch einen kleinen Lichtpunkt aufsetzt.
- Durch die Nass-in-Nass-Technik sind die Farben in den Motiven teilweise gemischt. Bitte lassen Sie sich durch diese „Mischfarben" nicht irritieren und verwenden Sie wirklich die in den jeweiligen Materiallisten angegebenen Farben.
- Statt Acrylfarbe kann auch Dispersionsfarbe verwendet werden. Überziehen Sie in dem Fall nach dem Trocknen das Motiv mit Klarlack, dadurch wirken die Farben intensiver und leuchtender.
- Für Arbeiten aus dünnem Pappelsperrholz empfiehlt sich ein feines Sägeblatt der Stärke 0-1. Dann splittert das Holz nicht so.

ZUSÄTZLICHE MATERIALIEN UND WERKZEUGE

- Kohlepapier
- Laub- oder Dekupiersäge mit Sägeblättern in verschiedenen Stärken
- Bohrer in verschiedenen Größen
- Schmirgelpapier
- Holzleim
- verschiedene Pinsel
- Acrylfarbe in den angegebenen Farbtönen

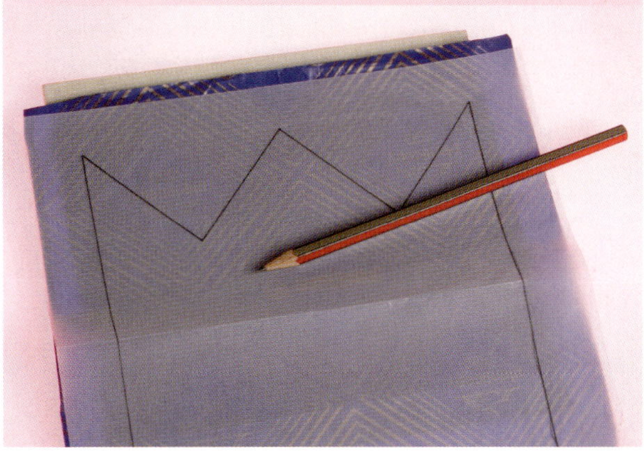

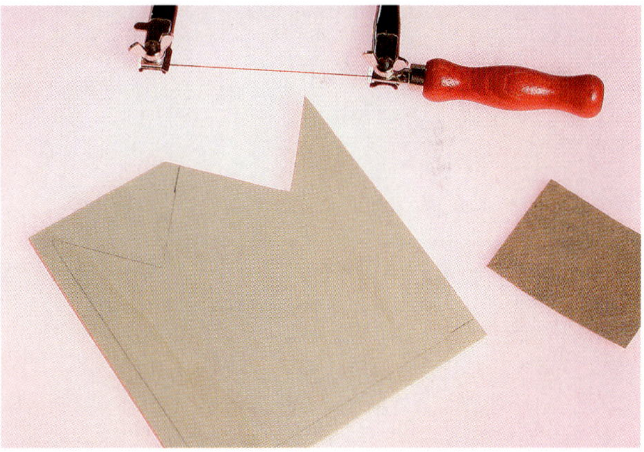

Nähen mit der Nähmaschine

Allgemeine Zuschneideregeln

Ein gewebter Stoff besteht aus Kettfäden (= Längsfäden) und Schussfäden (= Querfäden).
Der Fadenlauf liegt immer in Richtung der Kettfäden und damit parallel zur Webkante. Bitte beachten, dass sich der Stoff in Querrichtung mehr dehnt als in Längsrichtung. Deshalb alle Schnittteile im gleichen Fadenlauf zuschneiden.

Für den Zuschnitt dem Stoff folgendermaßen vorbereiten:

- Der Stoff muss glatt sein. Deshalb den Stoff bitte bügeln.
- Die Stoffenden müssen begradigt (= fadengerade) sein. Deshalb den Stoff hier reißen, einen Faden ziehen oder entlang einer auffallenden Linie schneiden (geht z. B. gut bei Karostoffen).

1 Für die Herzen, Kronen usw. jeweils die Vorlage auf Papier übertragen.

2 Die Vorlage mit Stecknadeln auf den Stoff fixieren und mit 5 mm bis 1 cm Nahtzugabe ausschneiden.

Bastel-Tipp

Auf einem Stoffballen liegt der Stoff i.d.R. doppelt. Das ist praktisch, wenn man ein Motivteil z.B. mehrmals benötigt. Bei den Materialangaben sind die Stoffangaben aber aufgeklappt aufgeführt.

ZUSÄTZLICHE MATERIALIEN UND WERKZEUGE

- elektrische Nähmaschine
- Stecknadeln
- Stoffschere
- Nähnadel
- Heftfaden (am besten Baumwollfaden)
- Lineal
- Bügeleisen
- Vliesofix
- Applikationsfuß = Klarsichtfuß

VERWENDETE ABKÜRZUNGEN:
US = Unterseite (linke Stoffseite)
OS = Oberseite (rechte Stoffseite)

Die einfache Naht

ANWENDUNG: Die einfache Naht verbindet zwei oder mehrere Stoffteile miteinander. Sie ist einfach und schnell zu nähen. So wird sie gearbeitet:

1 Den Stoff Oberseite auf Oberseite (= rechts auf rechts) legen und zusammenstecken.

2 Die Naht 1 cm bis 1,5 cm breit steppen und Oberfaden und Unterfaden miteinander verknoten. Alternativ am Anfang und Ende jeweils ein paar Stiche zurücknähen.

3 Die Nahtzugabe flach auseinander streifen und glatt bügeln. Wer will, fasst die Nahtzugabe noch im Zickzackstich ein, damit sie nicht ausfranst.

Der Saum

ANWENDUNG: Der Saum sorgt für schöne Kanten. So wird er gearbeitet:

1 Um die Saumbreite zu bestimmen, benötigt man ein Lineal. Damit die gewünschte Saumbreite abmessen und mit Stecknadeln feststecken. Wer will, kann den Saum auch doppelt einschlagen.

2 Mit Nadel und Faden alles heften.

3 Mit der Nähmaschine den Saum feststeppen und zum Schluss den Heftfaden entfernen.

Das Verstürzen

Verstürzen bedeutet, dass man die Motivteile wendet. Dabei die Stoffteile Oberseite auf Oberseite legen und auf der Nahtlinie steppen. Bevor man die Stoffteile wendet, muss man die nicht geraden Stoffkanten bearbeiten. Dabei beachten:

- Bei Außenrundungen und Innenrundungen muss die Nahtzugabe bis auf 5 mm vor der Stepplinie zurückgeschnitten werden.
- Bei Außenecken muss die Nahtzugabe bis auf 2 mm zur Stepplinie abgeschnitten werden.

Die Applikation

ANWENDUNG: Mit Applikationen kann man Kissen, Oberbekleidung, Taschen usw. verzieren und ggf. sogar ausbessern. Geeignet sind feste, glatte und dichte Gewebe, die nicht leicht ausfransen, z. B. Filz, Baumwollstoffe oder Leinen. Applikationen werden folgendermaßen gearbeitet:

1 Das Motiv auf Transparentpapier übertragen und den Fadenlauf einzeichnen.

2 Dann das Motiv spiegelverkehrt auf die Papierseite (glatte Seite) des Vliesofix aufzeichnen und grob (ca. 1 cm Abstand) ausschneiden.

3 Das Vliesofix mit der beschichteten Seite auf die Unterseite des Applikationsstoffs aufbügeln. Dabei den Fadenlauf beachten. Das Motiv exakt ausschneiden und das Schutzpapier abziehen.

4 Dann das Motiv auf die Oberseite des zu verzierenden Grundstoffs aufbügeln. Auch hier den Fadenlauf beachten!

5 Zum Schluss die Applikation mit einem schmalen Zickzackstich umnähen. Je enger man den Zickzackstich macht, desto weniger wird der Stoff später ausfransen.

Prinzessinnen-Mode

Natürlich brauchen angehende Prinzessinnen ein passendes Outfit für ihre wahrlich hoheitsvollen Aufgaben: Das reicht von der Maske für den Maskenball über hübsche Verkleidungen bis hin zu süßen T-Shirts oder witzigem Schmuck für den Prinzessinnen-Alltag. Kleiden auch Sie Ihre kleine Prinzessin stilvoll ein.

Auf zum königlichen Maskenball

→ geheimnisvolle Maske

1 Den Rundholzstab bemalen und trocknen lassen.

2 Die Maske mit den Schnörkeln von der Vorlage abzeichnen und auf den Fotokarton übertragen (siehe allgemeine Anleitung Seite 4, „Papierarbeiten“). Die Augenschlitze mit dem Cutter heraustrennen.

3 Die Bleistiftlinien der Schnörkel mit dem silbernen Lackstift und dem Flitter nachziehen. Weitere kleine Flitterpunkte setzen und alles trocknen lassen.

4 Dann die Maske wie abgebildet mit den Pailletten, Strasssteinen und Mini-Plastikblumen verzieren und komplett mit dem silbernen Lackstift umranden. Die Wimpern und weitere Verzierungen mit dem Filzstift auftragen.

5 Zwei 50 cm lange Satinbänder (eines davon in Pink, das andere in Rosa) zu einer Schleife binden und vorne auf die Maske kleben. Das restliche Satinband in 50 cm lange Abschnitte teilen und diese hinten am Kontaktpunkt von Holzstab und Maske befestigen.

6 Zum Schluss den bemalten Rundholzstab mit Heißkleber seitlich hinter der Maske fixieren.

Variations-Tipp

Die Maske kann man auch mit Hutgummi fest am Kopf tragen.
Wenn man die Maske mit goldenem Lackstift bemalt, ist sie auch sehr schön.

MOTIVHÖHE
ca. 40 cm

MATERIAL
- Fotokarton in Rosa, A4
- 9 Pailletten in Silber, ø 6 mm
- 6 Strasssteine in Rosa, ø 6 mm
- 5 Mini-Plastikblumen in Rosa, ø 1 cm
- 5 Wachsperlen in Weiß, ø 6 mm
- Rundholzstab, ø 8 mm, 40 cm lang
- Satinband in Rosa und Pink, 3 mm breit, jeweils 2 m lang
- Acrylfarbe in Pink
- Filzstift in Pink
- Lackstift in Silber
- Flüssigflitter in Silber

VORLAGENBOGEN B

HINWEIS
Die Beschreibung für die Krone finden Sie auf Seite 13.

Zauberhafte Feen-Prinzessin

→ für alle mit viel Fantasie

ROCK

KLEIDERGRÖSSE
ca. 110-134

MATERIAL
- karierter Stoff in Rosa-Pink, 1,50 m x 50 cm
- Gummiband, 2 cm breit, 60 cm lang
- Nähgarn in Rosa
- Sicherheitsnadel

BLÜTEN-ÜBERROCK

KLEIDERGRÖSSE
ca. 110-134

MATERIAL
- Stoff in Weiß, 1,40 m x 70 cm
- Formband in Weiß, 2 cm breit, Länge je nach Bedarf (Taille der Prinzessin + 5 cm)
- Klettband in Weiß, 2 cm breit, 5 cm lang
- 9 Stoffrosen in Rosa, ø 2 cm
- Nähgarn in Weiß

VORLAGENBOGEN A

Rock

1 Den Stoff der Breite nach rechts auf rechts zusammenlegen und zu einem Rock zusammennähen. Die Nahtkante mit Zickzackstich versäubern.

2 Am oberen Rand einen Tunnel für das Gummiband nähen. Dafür den Stoff zweimal 3 cm nach innen einschlagen und feststeppen. Dabei ca. 5 cm offen lassen. Das Gummiband mithilfe einer Sicherheitsnadel in den Tunnel einziehen und in der gewünschten Weite flach zusammennähen.

3 Den Saum ggf. zweimal 1,5 cm nach innen einschlagen und feststeppen. Dabei entweder wie vorne beschrieben arbeiten oder die Rocklänge der Größe der Prinzessin anpassen.

Blüten-Überrock

1 Die Taille der Prinzessin abmessen. Die Länge des Formbandes muss dem Taillenumfang der Prinzessin plus 5 cm entsprechen.

2 Zehn Blütenblätter laut Vorlage mit 1 cm Nahtzugabe zuschneiden. Je zwei Blütenblätter rechts auf rechts zusammennähen, die Nahtzugabe auf 5 mm zurückschneiden und die Teile wenden. Die offenen Kanten zusammensteppen und mit Zickzackstich versäubern. Dann die Blütenblätter überlappend auf das Formband stecken, sodass die Oberkanten der Blütenblätter bündig auf dem Band liegen. Die Blütenblätter auf dem Formband festnähen.

3 Die obere Kante des Blütenrocks in Formband-Breite nach innen einschlagen, feststeppen und als Verschluss das Klettband an beiden Seiten aufnähen.

4 Zum Schluss wie abgebildet jeweils drei Rosen auf die mittleren drei Blütenblätter nähen oder kleben.

Anwendungs-Tipp

Ohne Blüten-Überrock kann Ihre kleine Prinzessin den Rock auch prima im Alltag tragen. Dazu passt ein Body, den es wie abgebildet (oder ähnlich) im Handel zu kaufen gibt.

WEITERFÜHRUNG

Zauberhafte Feen-Prinzessin

Flügel

1 Das Bügelvlies jeweils auf die Rückseite der Stoffstücke bügeln. Dann je ein Stück Volumenvlies zwischen zwei Stoffstücke bügeln. Daraus zwei Herzen laut Vorlage ausschneiden und mit engem Zickzackstich einfassen.

2 Auf einem Herz laut Vorlage die beiden Gummibänder oben und unten feststeppen. Die Länge der Gummibänder an die Größe der Prinzessin anpassen.

3 Für die Flügel die beiden langen Drahtstücke zu einem Ring biegen. Jeden Ring durch Schlaufen an den Enden zusammenhaken. Dann die Ringe in Flügelform bringen. Mit dem kurzen Draht die beiden Flügel durch Umwickeln miteinander verbinden. Das Höschenteil der Strumpfhose wegschneiden. Dann ein Bein der Feinstrumpfhose über einen Flügel ziehen, am unteren Ende mit dem reißfesten Faden zusammenbinden und mit UHU Alleskleber kraft fixieren, damit keine Laufmaschen entstehen. Mit dem zweiten Flügel genauso verfahren. Die Pailletten von beiden Seiten an den selben Stellen festkleben (siehe Abbildung).

4 Die Herzen auf beiden Seiten der Verbindungsstelle der Flügel platzieren und von Hand mit ein paar Stichen miteinander verbinden.

MOTIVLÄNGE
ca. 30 cm (pro Flügel)

MATERIAL

- Feinstrumpfhose in Weiß
- ca. 80 gewölbte Pailletten in Rosa-Perlmutt, ø 6 mm
- karierter Stoff in Rosa-Pink, 4 x 20 cm x 20 cm
- beidseitig klebendes Bügelvlies für Applikationen, 4 x 20 cm x 20 cm
- Volumenvlies, 2 x 20 cm x 20 cm
- Draht, ø 2 mm, 1 x 10 cm und 2 x 90 cm lang
- Gummiband, 5 mm breit, 2 x 30 cm lang
- reißfester Faden in Weiß

VORLAGE SEITE 68

Zauberstab

1 Die Metallicfolie mit UHU Alleskleber kraft auf beide Seiten des Tonkartons kleben und den Stern laut Vorlage ausschneiden.

2 Den Rundholzstab in Weiß bemalen. Einen ca. 5 mm tiefen Schlitz in ein Ende des Rundholzstabes sägen oder schneiden und den Stern einkleben.

3 Je zwei Satinbänder pro Seite am oberen Rand des Rundholzstabes befestigen. Zum Schluss die Federboa zum Kreis legen und auf beiden Seiten des Sterns fixieren.

Variations-Tipp

Statt der Federboa können Sie auch kleine Strasssteinchen auf den Zauberstab kleben, damit er so richtig schön glitzert.

Krone

1 Ca. 25 cm Bindedraht um das Glas legen und die Enden zu einer Schlinge verzwirbeln. Den restlichen Draht am Stück auf der Rolle lassen. Dann den Anfang des Drahtes an einer Stelle um den Drahtkreis wickeln und nacheinander sechs Zacken mit ca. 8 cm Höhe formen. Dabei nach jeder Zacke den Draht um den Draht-Grundkreis wickeln und zur nächsten Zacke weitergehen (siehe Abbildung). Nach Fertigstellung des Grundmodells den Draht mit eine Zange abzwicken und das Drahtende verzwirbeln.

2 Je ca. 1 m lange Stücke Golddraht abwechselnd mit Perlen in Rosa und Orchidee bestücken (siehe Abbildung). Dazu den Golddraht jeweils zweimal durch jede Perle führen, damit diese auf dem Draht fixiert wird. Die Perlendrähte um die Kronenzacken wickeln und die Enden verzwirbeln. So viele Perlendrähte herstellen, bis die Kronenzacken komplett umwickelt sind.

3 Die goldenen Perlen jeweils auf ein kurzes Stück Golddraht auffädeln und an den Spitzen der Zacken befestigen. Die Krone mit Haarklammern im Haar befestigen.

Anwendungs-Tipp

Bei kleineren Prinzessinnen knoten Sie einen Gummifaden an, der unterm Kinn für den Halt der Krone sorgt.

ZAUBERSTAB

MOTIVHÖHE
ca. 40 cm

MATERIAL
- Tonkartonrest in Weiß
- Metallicfolie, 2 x 15 cm x 15 cm
- Rundholzstab, ø 6 mm, 30 cm lang
- dünne Federboa in Pink, 2 x 7 cm lang
- Satinband in Pink, 4 mm breit, 4 x 30 cm lang
- Acrylfarbe in Weiß

VORLAGE SEITE 68

KRONE

MOTIVHÖHE
ca. 8 cm

MATERIAL
- Döschen Indianerperlen in Zartrosa, ø 2,5 mm
- Döschen Rocailles in Orchidee, ø 2,5 mm
- 6 Perlen in Gold, ø 1 cm
- Golddraht, ø 0,3 mm
- Bindedraht in Schwarz, ø 0,6 mm
- Glas, ø ca. 7 cm
- Zange oder Seitenschneider (Draht abknipsen)

Prinzessin Lena

→ ein Mädchentraum!

KRONE

MOTIVHÖHE
ca. 9 cm

MATERIAL
- Biegeplüsch in Rosa, ø 8 mm, 2 x 50 cm lang
- ca. 30 Wachsperlen in Rosa, ø 4 mm
- ca. 30 Wachsperlen in Lila, ø 4 mm
- 9 Wachsperlen in Weiß, ø 4 mm
- Glasschliffstein mit Kessel in Rosa, ø 1 cm
- Facettentropfen in Transparent, 2,6 cm x 2,1 cm
- Silberdraht, ø 0,25 mm

VORLAGE SEITE 80

TOP

KLEIDERGRÖSSE
128

MATERIAL
- Top in Pink, Größe 128
- Satinband in Rosa, 1,5 cm breit, 20 cm lang
- Satinröschen in Rosa, ø 1,4 cm
- Nähgarn in Rosa

ROCK

KLEIDERGRÖSSE
128

MATERIAL
- Taft in Weiß, 140 cm x 70 cm
- Tüll in Weiß, 140 cm x 68 cm
- 5 Satinröschen in Rosa, ø 1,4 cm
- Satinband in Rosa, 1,5 cm breit, 1 m lang
- Gummiband, 2,5 cm breit, 70 cm lang
- Nähgarn in Weiß
- Sicherheitsnadel

Krone

1 Das erste Biegeplüschstück zu einem Ring biegen. Aus dem zweiten Stück Biegeplüsch wie abgebildet und auf der Biegeskizze gezeigt die Zacken formen.

2 Die Wachsperlen auf den Silberdraht auffädeln und diesen um den Biegeplüsch wickeln. Danach den Facettentropfen und den Glasschliffstein mithilfe von Silberdraht an der Krone befestigen.

3 Um die beiden Endstücke der Krone miteinander zu verbinden, ebenfalls Silberdraht verwenden. Die beiden Enden übereinander legen und mit Silberdraht schließen.

Variations-Tipp

Soll die Krone noch pompöser aussehen, können größere Wachsperlen verwendet werden.

Top

1 Das Satinband zu einer Schleife legen und diese mit einigen Stichen fixieren.

2 Die Rose auf die Schleife nähen und das Ganze zusammen auf das Top nähen.

Rock

1 Den weißen Taft doppelt legen, so muss unten kein Saum genäht werden. Nun den doppelt gelegten Tüll auf den Bund des Tafts nähen.

2 Den Bund 4 cm breit umschlagen – so entsteht ein Tunnel für das Gummiband – und mit Stecknadeln feststecken. Dann den Bund heften und zusammennähen.

3 Das Gummiband mithilfe der Sicherheitsnadel durch den Tunnel ziehen und nach genauer Anprobe (wegen der Taillenweite) links und rechts festnähen. Dann den Rock hinten zusammennähen.

4 Den Rock auf Stufe 1 kurz glatt bügeln und zum Schluss unten im Wechsel die Satinröschen und vier selbst gelegte Schleifen aus jeweils 25 cm Satinband aufnähen.

Variations-Tipp

Für den Rock in einer anderen Kleidergröße messen Sie einfach die Länge von Taille bis Knöchel der kleinen Prinzessin aus, nehmen dieses Maß doppelt (weil der Taft und der Tüll doppelt gelegt werden müssen) und geben 4 cm für den Bund zu.

Prinzessin Lena

Schuhe

1 Sechs 10 cm lange und 2,5 cm breite Filzstreifen aus der Filzplatte schneiden. Jeweils ca. 5 cm der Streifen aufwickeln und mit Nadel und Faden fixieren. Danach den Rest des Streifens zur Blüte aufwickeln und wieder mit Nadel und Faden fixieren.

2 Immer drei dieser Blüten zu einer Gruppe zusammennähen und mit Rocailles besticken. Danach die Blüten auf die Schuhe nähen.

3 Jeweils 25 cm Zackenlitze zu einer Schleife legen und auf die Schuhe nähen. Zum Schluss die Schuhe mit den Herzknöpfen verzieren.

SCHUHE

SCHUHGRÖSSE
30

MATERIAL
- Turnschläppchen in Weiß, Größe 30
- Bastelfilz in Rosa, 10 cm x 15 cm
- ca. 30 Rocailles in Gold, ø 2,6 mm
- 2 Herzknöpfe in Rosa, ø 2 cm
- feine Zackenlitze in Rosa, 1 cm breit, 50 cm lang
- Nähfaden in Rosa

STOLA

MOTIVLÄNGE
ca. 1,48 m

MATERIAL
- Satinstoff in Hellrosa, 45 cm x 1,50 m
- Nähgarn in Rosa

MOTIVHÖHE
ca. 32 cm

MATERIAL
- Satinstoff in Pink, 25 cm x 1,40 m
- Satinröschen in Rosa, ø 1,4 cm
- Paillettenband in Rosa, 6 mm breit, 25 cm lang
- Saumband in Rosa 1,5 cm breit, 28 cm lang
- Druckknopf in Silber, ø 1 cm
- Nähgarn in Pink
- Sicherheitsnadel

VORLAGENBOGEN A

Stola

1 Um das ganze Rechteck einen 1 cm breiten Saum zuerst heften und dann mit der Nähmaschine nähen.

2 Nach dem Nähen die Heftfäden entfernen und die Stola bügeln.

Variations-Tipp

Für die Tasche kann auch ein Glitzerstoff in Rosa verwendet werden.

Handtasche

1 Den Stoff doppelt legen. Die Vorlage zweimal auf den Stoff stecken, sodass man später insgesamt vier Teile hat, und ausschneiden.

2 Nun immer zwei Teile Oberseite auf Oberseite nähen; hierbei ist die Nahtzugabe von 5 mm schon mit dazu gegeben. Dabei jeweils an einer Stelle ca. 7 cm zum Wenden offen lassen. Die Teile verstürzen und die offene Stelle von Hand schließen.

3 Die beiden Teile aufeinander legen, an den Kanten zusammennähen und verstürzen. Dabei die obere Kante bitte nicht zusammennähen. Hier wird später an der Markierung der Druckknopf angenäht.

4 Aus dem Rest des Satinstoffs zwei 32 cm x 5,5 cm lange Streifen (inkl. 5 mm Nahtzugabe) zuschneiden. Die beiden Rechtecke Oberseite auf Oberseite legen, zu einem Tunnel zusammennähen und verstürzen. Mithilfe der Sicherheitsnadel das Saumband durch den Satinstofftunnel ziehen und an beiden Enden mit Nadel und Faden fixieren. Danach den so entstandenen Griff an der Handtaschen-Innenseite annähen.

5 Die Paillettenband zur Schleife legen und auf der Tasche fixieren. Zum Schluss das Satinröschen auf der Schleife fixieren.

Heute ist Prinzessinnen-Tag

→ T-Shirt mit passender Handtasche

T-SHIRT

KLEIDERGRÖSSE
116

MATERIAL
- Langarm-T-Shirt in Pink, Größe 116 (oder nach Bedarf)
- Fun-Liner in Gold und Glittergrün
- Stoffmalfarbe in Blau und Gold
- Graphitpapier

VORLAGE SEITE 69

T-Shirt

1 Das Motiv mit Transparentpapier und Bleistift von der Vorlage abpausen. Das T-Shirt glatt auf den Tisch legen. Dann das Graphitpapier auf die Vorderseite des Shirts und darüber das abgepauste Motiv legen. Nun mit einem Bleistift die Konturen kräftig nachziehen. Dabei den Stift gut aufdrücken, sodass die Linien auf den Stoff übertragen werden.

2 Das Papier abnehmen und die übertragenen Linien nachmalen. Die Krone und die Blütenblätter werden dabei mit Stoffmalfarbe aufgemalt, die Ranken, die kleinen Verzierungen und die Kronenpunkte mit dem Fun-Liner. Alles gut trocknen lassen.

Variations-Tipp

Sehr hübsch sieht das Ornament auch auf einem hellrosa T-Shirt, auf einem Turnbeutel oder einer Stofftasche aus.

KLEINER HANDTASCHENBEUTEL

MOTIVHÖHE
ca. 25 cm

MATERIAL
- Bettlakenrest in Weiß, 28 cm x 60 cm
- Gardinenrest in Weiß, 28 cm x 60 cm
- Tüll in Pink, 24 cm breit, 1 m lang
- Paillettenband in Silber, 1 cm breit, 70 cm lang
- ca. 40 Wachsperlen in Gold und Rosa, ø 8 mm
- 20 Strasssteine in Weiß, ø 6 mm
- Gummiband, 5 mm breit, 35 cm lang
- Nähgarn in Weiß
- Sicherheitsnadel

VORLAGE SEITE 69

Kleiner Handtaschenbeutel

1 Den Gardinenstoff auf dem Bettlakenrest mit Stecknadeln befestigen. Dann den unteren Rand der Stoffteile mittig auf den oberen klappen, sodass jetzt vier Stoffschichten übereinander liegen, wobei die Gardine innen liegt. Beide Seitenränder in 1 cm Abstand zum Rand mit einer Steppnaht mit der Nähmaschine zusammennähen, dabei die Kanten abrunden.

2 Nun den Beutel umdrehen, dass der Gardinenstoff außen ist.

3 Den oberen Rand ca. 6 cm nach außen klappen und ringsherum 1 cm breit – bis auf ein kleines Stück – mit der Nähmaschine festnähen. Mithilfe der Sicherheitsnadel ein Gummiband einfädeln, leicht zusammenziehen und die Enden verknoten.

4 Das Paillettenband an beiden Seiten als Trageriemen befestigen und pinkfarbenen, doppelt gelegten Tüll ringsherum in die Tasche einkleben. Zum Schluss die Wachsperlen und Strasssteine mit Heißkleber auf die Tasche kleben.

Prächtig geschmückt

→ diesem Schmuck kann keine Prinzessin widerstehen

RING MIT FILZBLÜTE

MOTIVDURCHMESSER
ca. 3,5 cm (nur die Blüte)

MATERIAL
- Fingerring aus Plexiglas in Rosa-Chiffon, ø 1,6 cm
- Glasschliffstein mit Kessel in Mondstein, ø 1,4 cm
- 5 Wachsperlen in Rosa, ø 2,5 mm
- Filzblüte in Rosa, ø 3,5 cm
- Perlonfaden, ø 0,25 mm
- Nähnadel

FILZBLÜTEN-OHRCLIP

MOTIVDURCHMESSER
ca. 3,5 cm (nur die Blüte)

MATERIAL
- 2 Filzblüten in Pink, ø 3,5 cm
- 30 Wachsperlen in Rosa, ø 2,5 mm
- 2 Glasschliffsteine mit Kessel in Rosa, ø 1 cm
- Paar Ohrclips mit Öse in Silber, ø 1 cm
- Perlonfaden, ø 0,25 mm
- Nähnadel
- evtl. Holzleim

LANGES HALSBAND

KETTENLÄNGE
ca. 65 cm

MATERIAL
- Organzaband in Aubergine, 1 cm breit, 65 cm lang
- 2 Doppelkegel-Acrylglasperlen in Lila, 2 cm lang
- Kleid-Schmuckanhänger in Lila, 2,5 cm hoch
- Nähnadel

ARMBAND IN AUBERGINE

ARMBANDLÄNGE
ca. 40 cm

MATERIAL
- Organzaband in Aubergine, 1 cm breit, 50 cm lang
- 2 Acrylglasperlen in Lila, ø 1,2 cm
- 2 Acrylglasperlen in Lila, ø 1 cm
- T-Shirt-Schmuckanhänger in Lila, 2 cm hoch
- Nähnadel

Ring mit Filzblüte

1 In der Mitte der Blüte den Glasschliffstein aufnähen. Danach auf jedes Blütenblatt eine Wachsperle nähen.

2 Die Blüte am Ring befestigen, indem man den Perlonfaden durch die Filzblüte führt und anschließend um den Ring wickelt. Zum Schluss den Perlonfaden gut verknoten und vernähen.

Filzblüten-Ohrclips

1 Die Glasschliffsteine jeweils auf eine Blüte nähen, den Perlonfaden aber nicht abschneiden. Dann auf den übrig gebliebenen Perlonfaden jeweils 15 Wachsperlen aufziehen, eng um den Stein legen und mit zwei bis drei Stichen auf der Filzblüte fixieren.

2 Auf der Rückseite die Ohrclips festnähen. Sollten diese zu locker sitzen, benötigt man noch etwas Leim.

Langes Halsband

1 Eine Acrylglasperle, den Schmuckanhänger und wieder eine Acrylglasperle auf das Organzaband auffädeln.

2 Als Verschluss aus dem Organzaband eine Schleife binden.

Armband in Aubergine

1 Alle Teile wie abgebildet mithilfe der Nähnadel auf das Organzaband auffädeln.

2 Als Verschluss eine Schleife binden.

Variations-Tipp

Auch in anderen Farbkombinationen sehen die Schmuckstücke toll aus!

WEITERFÜHRUNG

Prächtig geschmückt

ASCHENPUTTEL-KETTE

KETTENLÄNGE
ca. 63 cm

MATERIAL
- 169 Wachsperlen in Weiß, ø 5 mm
- Swarovski®-Perle in Rosa, ø 8 mm
- 2 Wachsperlen in Rosa, ø 2,5 mm
- Schraubenschließe in Platin, 5 mm x 1,1 cm
- Perlonfaden, ø 0,25 mm
- 4 Quetschperlen in Silber
- Flachzange

HALSKETTE MIT STEIN

KETTENLÄNGE
ca. 38 cm

MATERIAL
- 74 Wachsperlen in Weiß, ø 5 mm
- 3 Swarovski®-Perlen in Fuchsia, ø 4 mm
- 2 Swarovski®-Perlen in Fuchsia, ø 8 mm
- Glasschliffstein in Mondstein, ø 1,4 cm
- Karabiner-Schließe mit Ring in Silber, 1,3 cm lang
- Kristallperle aus geschliffenem Acrylglas in Kristallklar, 1,5 cm lang
- Perlonfaden, ø 0,25 mm
- 4 Quetschperlen in Silber
- Flachzange

RING MIT STEIN IN AMETHYST

RING-DURCHMESSER
ca. 1,6 cm

MATERIAL
- Ring aus Plexiglas in Mondstein, ø 1,6 cm
- Glasschliffstein mit Kessel in Amethyst, ø 1,4 cm
- Perlonfaden, ø 0,25 mm

BETTEL-ARMBAND

ARMBANDLÄNGE
ca. 15 cm

MATERIAL
- Messing-Ankerkette, echt versilbert, ø 1 mm, 14 cm lang
- Kleid-Schmuckanhänger in Pink, 2,5 cm hoch
- T-Shirt-Schmuckanhänger in Pink, 2 cm hoch
- Facettentropfen in Kristall, 1,5 cm x 1, 2 cm
- 5 Prismenstifte in Platin, 2,5 cm lang
- 7 Glasschliffperlen in Kristall, ø 3 mm
- 7 Wachsperlen in Rosa, ø 2,5 mm
- 5 Wachsperlen in Weiß, ø 5 mm
- 2 Swarovski®-Perlen in Fuchsia, ø 4 mm
- 3 Ringe in Platin, ø 7 mm
- Karabiner-Schließe mit Ring in Silber, 1,3 cm lang
- Flachzange

Prächtige Aschenputtel-Kette

1 Den Perlonfaden doppelt nehmen und die erste Perle mithilfe einer Quetschperle fixieren. Dazu die Quetschperle auffädeln und mit einer Flachzange zusammendrücken.

2 Nun 43 Wachsperlen auf den doppelt genommenen Perlonfaden auffädeln. Dann den Faden teilen, auf einer Seite 13 Perlen auffädeln und auf der anderen neun. Beide Fäden wieder zusammenführen und drei weitere Perlen auffädeln.

3 Danach die Fäden wieder trennen. Auf eine Seite 17 Perlen aufnehmen, auf die andere neun. Nach der neunten Perle eine Wachsperle in Rosa, die Swarovski®-Perle und noch eine Perle in Rosa auffädeln. Dann wieder neun Perlen aufnehmen.

4 Ab hier die Schritte 2. und 3. wiederholen. Sind alle Perlen aufgefädelt, wird am Ende wieder eine Quetschperle angebracht. Auf jeder Seite ein Verschlussteil auffädeln und durch eine Quetschperle sichern.

Halskette mit Stein

1 Auf die Mitte des Perlonfadens die Kristallperle auffädeln und mit einer kleinen Swarovski®-Perle kreuzen, d. h. ein Perlonfadenende von links und das andere von rechts durch die Öffnung der Perle führen.

2 Nun mit dem großen Glasschliffstein kreuzen. Danach den Faden teilen und auf jede Seite eine große Swarovski®-Perle, eine kleine Swarovski®-Perle und 37 Wachsperlen auffädeln.

3 Am Ende auf jede Seite zwei Quetschperlen und jeweils ein Verschlussteil auffädeln und den Perlonfaden wieder zurück durch die Quetschperlen führen. Die Quetschperlen mit der Flachzange zusammendrücken.

Ring mit Stein in Amethyst

1 Den Perlonfaden durch die gegenüberliegenden Löcher im Glasschliffstein fädeln.

2 Durch Kreuzen im Kessel den Stein am Ring befestigen.

Bettelarmband

1 Die Prismenstifte wie abgebildet mit den Perlen bestücken.

2 Nun am zehnten Glied der Kette den ersten Prismenstift befestigen, indem das Ende des Stifts zu einer Öse gebogen wird. Die restlichen Prismenstifte bzw. die Anhänger jeweils im Abstand von vier Kettengliedern befestigen. Die Anhänger und der Facettentropfen werden dabei mit den Ringen an der Kette befestigt.

3 Zum Schluss die Karabiner-Schließe anbringen.

Spieglein, Spieglein an der Wand

→ wer ist die Schönste im ganzen Land?

1 Den pinkfarbenen Fotokarton zur Stabilisierung mit Aslanfolie auf die Graupappe kleben, die Spiegelvorlage darauf übertragen und ausschneiden.

2 Die Vorlage für den inneren Kreis auf die Rückseite der Spiegelfolie übertragen und ausschneiden. Die Spiegelfolie mittig auf das pinkfarbene Teil kleben und mit der Blumenborte umranden. Diese mit Heißkleber befestigen.

3 Das Muster wie abgebildet in das rosafarbene Tonpapier stanzen. Dann das so entstandene Motiv mit 1 cm Abstand zum Rand ausschneiden (es ergibt sich ein ca. 4 cm x 4 cm großes Quadrat) und schräg auf den Spiegelgriff kleben.

4 Zum Schluss den Spiegel wie abgebildet mit den Strasssteinen verzieren.

Variations-Tipp

Wenn Ihre kleine Prinzessin ihren Spiegel immer bei sich tragen möchte, dann versehen Sie den Griff unten mit einem kleinen Loch und ziehen ein Band hindurch.

MOTIVHÖHE
ca. 28 cm

MATERIAL
- Spiegelfolie, A5
- Fotokarton in Pink, A4
- Graupappe, A4
- Tonpapierrest in Rosa
- 22 Strasssteine in Hellblau, ø 6 mm
- Blümchenborte in Rosa, 1 cm breit, 40 cm lang
- Aslanfolie (= doppelseitige Klebefolie), A4
- Motivlocher: Ornament-Schnörkel

VORLAGENBOGEN A

Welch Haarpracht

→ Halter für Haaraccessoires

MOTIVHÖHE
ca. 40 cm

MATERIAL
- Weinkorken
- Weinflasche mit langem Hals
- Styroporkugel, ø 8 cm
- Fotokartonreste in Weiß, Türkis und Pink
- Märchenwolle in Gelb (vom Strang), 15 cm breit, 60 cm lang
- 2 Haarspangen in Rosa, 4,5 cm lang
- 2 Haarspangen in Pink, 4,5 cm lang
- 2 Haarbänder in Pink
- 2 Haarbänder in Rosa
- Satinband in Rosa, 1 cm breit, 40 cm lang
- Samtband in Orange, 1 cm breit, 30 cm lang
- Samt in Pink, 30 cm x 30 cm
- Tüll in Weiß, 20 cm x 15 cm
- 2 Plastikschmetterlinge in Orange, 3,5 cm hoch
- 2 Wachsperlen in Weiß, ø 1 cm
- 8 Wachsperlen in Weiß, ø 4 mm
- 22 Pailletten in Bunt, ø 5 mm
- 2 Röschen auf Schleife in Weiß, ø 2 cm
- Filz in Hellblau und Pink, jeweils A5
- Bastelfarbe in Hautfarbe
- Lackstift in Gold
- Filzstifte in Schwarz, Hellblau und Rosa
- Flitter in Hellgrün
- Motivlocher: Blume, klein

VORLAGE SEITE 70

1 Für den Kopf unten in die Styroporkugel einen großen Tropfen Heißkleber geben, sodass das Styropor schmilzt. Hier sofort den Weinkorken als Hals hineinkleben. Alles mit Hautfarbe bemalen und gut trocknen lassen.

2 Einen ca. 60 cm langen Strang Märchenwolle mittig oben über die Styroporkugel kleben. Vorne die Styroporkugel für das Gesicht frei lassen, hinten die Haare über die Styroporkugel bis zum Hals kleben. Auf beiden Seiten lange Zöpfe flechten und unten die pinkfarbenen Haargummis befestigen.

3 Die Augen mithilfe der Vorlage aus weißem Tonkarton zuschneiden, bemalen und aufs Gesicht kleben. Die Wimpern, die Nase und den Mund frei Hand aufmalen, dann den Hals in die Flaschenöffnung drücken. Die zwei großen Wachsperlen als Ohrringe ankleben und den Hals mit einer rosa Satinschleife schmücken. Darunter den Tüll gekräuselt ansetzen und einen orangefarbenen Kragen aus 10 cm Samtband am oberen Rand des Tülls hinzufügen.

4 Den Flaschenbauch mit hellblauem Filz umkleben. Das pinkfarbene Filzstück zur Hälfte mit Fransen einschneiden und darauf kleben. Nun den pinkfarbenen Samt als Rock um die Flasche legen und mit einem orangefarbenen Samtgürtel abschließen lassen.

5 Für die Haarspangen die kleinen Kronen aus Tonkarton ausschneiden und mit dem Goldstift verzieren. An die Spitzen Perlen bzw. Pailletten setzen. Die Kronen jeweils auf die geschlossene Haarspangenseite kleben. Die rosafarbenen Kronen zusätzlich mit den kleinen Röschen schmücken.

6 Für die Schmetterlings-Haargummis die fertigen Schmetterlinge an den Flügeln mit bunten Pailletten schmücken. Die ausgestanzten Blumen auf die unteren Flügel setzen, jeweils mit einer Perle dekorieren und den Körper mit Flitter bemalen. Zum Schluss die Schmetterlinge mit Heißkleber auf die Haargummis kleben.

Anwendungs-Tipp

Die Haarspangen mit Krone und die Schmetterlings-Haargummis kann Ihre kleine Prinzessin natürlich auch selbst tragen.

Das königliche Gemach

Natürlich müssen Prinzessinnen stilecht wohnen, auch ohne Schloss. Mit dem raffinierten Türschild, der zauberhaften Lampe und dem rosa Bett mit Baldachin entführen Sie Ihre kleine Prinzessin ins Land der Träume und Märchen!

Türschild fürs Mädchenzimmer

→ ein hübscher Empfang

1 Die Bastelhölzchen anmalen und gut trocknen lassen. Die Hölzchen an den Kanten zu einem Viereck übereinander legen und mit Klebstoff fixieren. Wieder gut trocknen lassen.

2 Die Streifen aus Filz zuschneiden (2 cm breit und 18 cm lang). Jeweils ein Ende der Filzstreifen hinter den Bastelhölzchen festkleben. Nun wie abgebildet verflechten (siehe Abbildung). Die überstehenden Filzenden abschneiden.

3 Die Blümchenborte oben hinter das Türschild kleben. Für vorne jeweils 8 cm x 10 cm große Tüllstücke in der Mitte zusammendrücken und an den oberen Ecken als Schleifen aufkleben. Darüber jeweils einen Blumenknopf befestigen.

4 Mit dem Motivlocher bunte Blümchen ausstanzen und wie abgebildet auf die Filzstreifen kleben. In die Mitte der Blumen goldene Punkte setzen. Fünf weitere Felder jeweils mit drei Strasssteinen schmücken.

5 Den Holzrahmen beschriften. Die Kronen mit Transparentpapier von der Vorlage abzeichnen, auf die Bastelhölzchen übertragen und dann mit dem Lackstift in Gold ausmalen. Zum Schluss die Punkte aufmalen.

MOTIVHÖHE
ca. 20 cm

MATERIAL
- 4 Bastelhölzchen, 15 cm × 2 cm
- Tüllrest in Pink
- Blümchenborte in Hellblau, 1 cm breit, 30 cm lang
- Filz in Pink und Orange, jeweils A5
- Tonkartonreste in Orange, Hellblau, Hellgrün und Pink
- 15 Strasssteine in Rosa, ø 5 mm
- 2 Blümchenknöpfe in Pink, ø 2 cm
- Acrylfarbe in Rosa-Metallic
- Lackstift in Gold
- Permanentmarker in Schwarz
- Motivlocher: Blümchen, klein

VORLAGE SEITE 68

Variations-Tipp

Für einen kleinen Prinzen kann das Türschild auch in Blau- und Grüntönen gebastelt werden.

Festlich beleuchtet

→ Lampe und Lichterketten

BLUMEN-LAMPE

MOTIVHÖHE
ca. 60 cm

MATERIAL
- Lampenschirm mit Baumwollbezug, ø 15 cm, 30 cm hoch
- Lampenfuß aus Metall, 31 cm hoch
- Strohseiden-Geschenkpapier mit Blumen in Rosa, 50 cm x 70 cm
- festes Transparentpapier in Rosa, Rest
- 8 Wachsperlen in Weiß, ø 8 mm
- 4 Blumen-Holzstreuteile in Hellrosa, ø 6 cm
- Silberdraht, ø 0,25 mm
- Textilmedium für Serviettentechnik
- Motivlocher: Herz, 2,2 cm hoch
- Lochzange
- ggf. Kneifzange
- Bohrer, ø 2 mm

KRONEN-LICHTERKETTE

KETTENLÄNGE
ca. 2,25 m

MATERIAL
- 10er-Lichterkette in Weiß, 2,25 m lang
- Fotokarton in Rosa und Pink, jeweils 2 x A4
- Krepppapier in Rosa, 50 cm x 40 cm
- Transparentpapier in Rosa, 50 cm x 40 cm
- Holografiefolie in Pink, A4

VORLAGE SEITE 80

Blumen-Lampe

1 Den Lampenschirm mit dem Textilmedium einstreichen und mit dem Geschenkpapier beziehen. Dafür am besten einen weichen Pinsel verwenden und das überstehende Papier auf der Seite einfach abschneiden. Danach den gesamten Lampenschirm nochmals mit Textilmedium einpinseln. Den Überstand an der Oberkante bis auf ca. 1,5 cm zurückschneiden. Dann den restlichen Überstand einschneiden, über die Oberkante nach innen falten, wieder einpinseln und glatt streichen.

2 Mithilfe des Motivlochers fünf Herzen aus dem Transparentpapier ausstanzen und mit der Lochzange lochen. Vom Silberdraht ca. 1,20 m abschneiden und im Wechsel Wachsperlen und Herzen auffädeln. Die Holzblumen durchbohren und auf ca. 1 m Silberdraht auffädeln.

3 Zum Schluss die beiden Silberdrahtstücke um die Lampe schlingen und am Lampenschirm befestigen.

Bastel-Tipp

Damit die Blumen-Holzstreuteile beim Bohren nicht ausbrechen, legen Sie sie am besten zwischen zwei dünne Sperrholzreste.

Kronen-Lichterkette

1 Mithilfe der Kronenschablone zehn Doppelkronen auf Fotokarton aufmalen (fünf auf den pinkfarbenen, fünf auf den rosafarbenen). Jeweils zwei der Kronen auf der Rückseite mit der Holografiefolie bekleben. Das Innere mit dem Cutter herausschneiden und die Kronen dann mit der Schere ausschneiden. Die Kronen mit Transparentpapier hinterkleben.

2 Die Halterungen der Birnchen mit einem Streifen Krepppapier umwickeln und diesen festkleben (siehe Abbildung).

3 Den umwickelten Lampenhals immer zwischen zwei Kronen legen und mit Klebstoff fixieren.

WEITERFÜHRUNG

Festlich beleuchtet

Lichterkette mit Federn

1 Pro Lämpchen benötigt man zwei Federn. Jeweils eine weiße und eine rosafarbene Feder durch mehrmaliges Umwickeln mit Silberdraht am Lampenhals befestigen.

2 Danach die überstehenden Drahtenden mit der Kneifzange abzwicken.

KETTENLÄNGE
ca. 2,25 m

MATERIAL
- 10er-Lichterkette in Weiß, 2,25 m lang
- 10 Bastelfedern in Rosa
- 10 Bastelfedern in Weiß
- Silberdraht, ø 0,25 mm
- Kneifzange

Prinzessinnenthron

→ hier nimmt jede Prinzessin gerne Platz

Stuhl

1 Den Kinderstuhl kurz anschleifen und dann von allen Seiten mit rosafarbenem Lack besprühen.

2 Danach die Krone aus dem Pappelsperrholz aussägen und mit der weißen Acrylfarbe anmalen. Nach dem Trocknen die Kanten der Krone mithilfe eines trockenen Borstenpinsels mit goldener Acrylfarbe betupfen. Die gleichen Arbeitsschritte bei den Holzkugeln durchführen.

3 Die Pompons auf die beiden äußeren Kronenzacken kleben und die Krone und die Holzkugeln mit Holzleim auf dem Stuhl befestigen.

Stuhlkissen

1 Zwei 30 cm x 30 cm große Stoffteile zuschneiden. Hierbei ist die Nahtzugabe von 1,5 cm schon eingerechnet.

2 Als nächstes die Stoffteile rechts auf rechts aufeinander legen und die Stecknadeln quer zum Stoff stecken. An einer Seite das Kissen 12 cm offen lassen, um es später wenden zu können. Das Kissen absteppen und wenden. Die Ecken mithilfe eines Kochlöffels herausstülpen.

3 Zuletzt das Kissen an der offenen Stelle mit Füllwatte füllen und danach mit Nadel und Faden von Hand zunähen.

STUHL

MOTIVHÖHE
ca. 63,5 cm

MATERIAL
- Kinderstuhl aus unbehandeltem Holz, 60 cm hoch
- Pappelsperrholzrest, 4 mm stark
- Sprühlack in Dunkelrosa
- Acrylfarbe in Gold und Weiß
- 2 Buchenholzkugeln, ø 3,5 cm
- 2 Pompons mit Glitterfäden in Pink, ø 1,5 cm

VORLAGE SEITE 70

STUHLKISSEN

MOTIVGRÖSSE
ca. 28,5 cm x 28,5 cm

MATERIAL
- karierter Baumwollstoff in Rosa-Weiß, 60 cm x 30 cm
- Füllwatte
- Nähgarn in Weiß

Fürstlicher Schreibtisch

→ so machen Hausaufgaben Spaß!

KOMMODE

MOTIVHÖHE
ca. 25 cm

MATERIAL
- Schubladen-Kommode mit 9 Schubladen, 35 cm x 25 cm x 26 cm (Breite x Höhe x Tiefe)
- Acrylfarbe in Rosa, Lila, Altrosa, Gelb, Weiß und Hautfarbe
- Lackstifte in Weiß, Lila und Rosa
- Permanentmarker in Schwarz

STIFTEBOX

MOTIVHÖHE
ca. 12 cm

MATERIAL
- Sperrholz, 6 mm stark, 60 cm x 20 cm
- je 4 Pompons in Pink und Lila, ø 1,5 cm
- Acrylfarbe in Gelb, Rot, Rosa und Weiß
- Lackstifte in Pink, Lila und Weiß
- Permanentmarker in Schwarz

VORLAGENBOGEN B

Kommode

1 Den Korpus der Kommode (ohne Schubladen) an den sichtbaren Flächen in Altrosa bemalen. Fünf Schubladenfronten in Rosa und vier in Lila bemalen. Jeweils etwas Weiß in die noch nasse Farbe malen, um Lichteffekte zu erzielen.

2 Die Motive gemäß Vorlage übertragen und ausmalen. Mit Permanentmarker und Lackstiften verzieren. Zum Schluss die Schubladen einschieben.

Bastel-Tipp

Beim Grundieren der Schubladenfronten darauf achten, dass der Farbton nicht zu dunkel wird, da sonst die Motivfarben nicht mehr decken.

Stiftebox

1 Die Teile aus Sperrholz aussägen und abschmirgeln. Die Bodenplatte (ohne Vorlage) ist dabei 9 cm x 9 cm groß.

2 Die Seitenteile mit Heißkleber um die Bodenplatte kleben; dabei auch die Längsseiten miteinander verleimen. Es müssen sich immer zwei gleich große Seitenteile gegenüberliegen.

3 Laut Abbildung bemalen. Dafür den oberen Teil in Gelb mit etwas Rot und den unteren Teil in Rosa mit etwas Weiß nass in nass bemalen. Nach dem Trocknen mit dem Permanentmarker die Trennungslinie zwischen der gelben und der rosafarbenen Fläche nachziehen und die Blumen laut Vorlage aufmalen. Dafür pro Seite je eine Blume in Pink und eine in Lila mit den Lackstiften aufmalen und mit Permanentmarker einfassen. Weiße Effekte mit Lackstift in die Blütenblätter zeichnen. Zum Schluss die Pompons in die Blütenmitten kleben.

WEITERFÜHRUNG

Fürstlicher Schreibtisch

Papierkorb

1 Die Seitenteile mit Heißkleber um die quadratische Bodenplatte kleben; dabei auch die Längsseiten miteinander verleimen. Es müssen sich jeweils zwei gleich große Seitenteile gegenüberliegen.

2 Den Papierkorb in Rosa mit Weiß nass in nass bemalen. Die Motive zweimal gemäß Vorlage übertragen und kolorieren. Die Ärmel der kleinen Prinzessin dabei in Weiß aufmalen und hinterher mit dem roten Permanentmarker die Streifen auftragen. Die Blümchen auf dem Kleid mit Lackstiften auftragen. Alle Linien und Punkte mit Permanentmarkern und Lackstiften malen.

3 Zum Schluss die Federboa auf den oberen Rand des Papierkorbs kleben.

PAPIERKORB

MOTIVHÖHE
ca. 33 cm

MATERIAL
- Sperrholz, 1 cm stark, 23 cm x 23 cm (Boden)
- Sperrholz, 1 cm stark, 2 x 23 cm x 33 cm und 2 x 25 cm x 33 cm
- dünne Federboa in Pink, 1 m lang
- Acrylfarbe in Rosa, Weiß, Altrosa, Lila, Orange, Gelb, Blau und Hautfarbe
- Lackstifte in Weiß, Lila und Rosa
- Permanentmarker in Schwarz, Braun und Rot

VORLAGENBOGEN B

Niedliches Porträt

→ verspielt und frech

MOTIVHÖHE
ca. 30 cm

MATERIAL
- Keilrahmen, 24 cm x 30 cm
- Acrylfarbe in Rosa, Weiß, Altrosa, Hautfarbe, Lila, Grün, Gelb, Orange und Rot
- Satinband in Pink, 4 mm breit, 2 x 20 cm lang
- Rüschenborte in Rosa, 2 cm breit, 11 cm lang
- 2 Stoffblumen in Altrosa, ø 1 cm
- Lackstifte in Weiß und Pink
- Permanentmarker in Schwarz, Braun und Rot
- Sekundenkleber oder Heißkleber

VORLAGENBOGEN A

1 Den Keilrahmen in Rosa mit Weiß nass in nass grundieren.

2 Die Motive übertragen und in den entsprechenden Farben ausmalen. Die Arme und Beine der Prinzessin dabei in Weiß anmalen und nach dem Trocknen die Streifen mit dem roten Permanentmarker aufmalen. Alles wie angebildet mit den Permanentmarkern und den Lackstiften verzieren. Für die Sommersprossen den braunen Permanentmarker, für die Punkte auf dem Kleid den weißen Lackstift benutzen.

3 Nach dem vollständigen Trocknen aus den Satinbändern zwei Schleifen binden und diese auf den Zöpfen festkleben. Die Schleifenenden eventuell etwas kürzen. Das Rüschenband an den Seiten ca. 5 mm nach hinten einschlagen und nur am oberen Rand mit Sekundenkleber festkleben. Die Blümchen auf den Schuhen fixieren.

Variations-Tipp

Sie können das Bild auch als Namensschild oder Geschenk zur Geburt verwenden. Schreiben Sie in dem Fall einfach den Namen und ggf. das Geburtsdatum in das Herz.

Schöne Träume

→ hier träumt jede Prinzessin von ihrem Prinzen

BALDACHIN MIT FILZROSEN

MOTIVLÄNGE
ca. 2,20 m

MATERIAL
- Baldachin aus Moskitonetz mit Pannesamt in Rosa, 2,20 m lang
- Organzaband in Rosa, 6 cm breit, 3 m lang
- Kammzug-Merinowolle in Rosa, 20 g
- Schmierseife zum Filzen
- 2 Stück Noppenfolie, A4
- Blumensprüher
- Nähgarn in Rosa

BETT

MOTIVGRÖSSE
90 cm x 2 m

MATERIAL
- Bett aus Kiefer oder Fichte, möglichst unbehandelt, 90 cm x 2 m
- Pappelsperrholz, 6 mm stark, 35 cm x 30 cm
- 4 Buchenholzkugeln, ø 5 cm (ungebohrt)
- Glitterstift in Gold
- 4 Pompons in Rosa, ø 1,3 cm
- Acryllack auf Wasserbasis in Weiß und Karminrot
- Acrylfarbe in Gold und Weiß

VORLAGE SEITE 72

Baldachin mit Filzrosen

1 Die Folie auslegen, kurze Wollstücke aus dem Kammzug zupfen und in drei Schichten dachziegelartig abwechselnd quer und längs übereinander auf die Folie legen.

2 Die Schmierseife in heißem Wasser auflösen und mit einem Blumensprüher über die Wolle sprühen. Die zweite Folie darüber legen und über die Folie streichen. Besprengen und reiben, bis die Wolle verfilzt. Wichtig ist, dass das Wasser immer schön heiß ist. Zum Besprengen die Folie abnehmen.

3 Nun die so gefilzte Filzplatte in drei 15 cm x 5 cm lange Stücke schneiden und auf der Heizung trocknen.

4 Jeden Streifen zu einer Rose drehen und mit Nadel und Faden fixieren. Das Organzaband in drei gleich lange Teile schneiden und zu Schleifen legen. Die Rosen auf die Schleifen nähen und am Baldachin befestigen.

Bett

1 Das Bett vor dem Zusammenbau anschleifen. Danach den rosa Farbton aus den beiden Lackfarben mischen. Sollte die Farbe zu dick sein, mit etwas Wasser verdünnen. Die einzelnen Bettteile einzeln damit anstreichen. Nun das Bett nach Herstellerangaben zusammenschrauben.

2 Die Buchenholzkugeln mit weißer Acrylfarbe bemalen und trocknen lassen. Anschließend mit einem trockenen Borstenpinsel etwas Acrylfarbe in Gold auftupfen.

3 Die Krone zweimal aus dem Pappelsperrholz aussägen, die Kanten abschleifen und mit der weißen Farbe anmalen. Nach dem Trocknen die Kanten der Kronen mit einem trockenen Pinsel mit goldener Acrylfarbe betupfen. Das Zackenmuster am unteren Rand mit dem Glitterstift aufmalen. Die Pompons mit etwas Leim auf die Kronenspitzen kleben.

4 Zum Schluss die Kronen mittig auf das Kopf- und das Fußteil kleben. Die bemalten Holzkugeln ebenfalls an allen vier Seiten aufkleben.

Spar-Tipp

Selbstverständlich können Sie auch ein altes Kinderbett auf diese Art und Weise aufpeppen!

Kuschelweiche Bettwäsche

→ für Prinzessinnen, die jede Erbse spüren

BETTWÄSCHE

MOTIVGRÖSSE
Decke 1,35 m x 2 m
Kissen 80 cm x 80 cm

MATERIAL
- Bettwäschegarnitur aus Makosatin in Weiß, Decke 1,35 m x 2 m und Kissen 80 cm x 80 cm
- karierter Baumwollstoff in Rosa-Weiß, 20 cm x 40 cm
- gestreifter Baumwollstoff in Rosa-Weiß, 20 cm x 40 cm
- Baumwollstoff in Rosa, 20 cm x 40 cm
- Zackenlitze in dunklem Rosa, 1 cm breit, 3 m lang
- 7 Knöpfe in Weiß, ø 1,4 cm
- Nähgarn in Rosa und Weiß
- Knopflochfuß
- Nahttrenner

KARIERTES HERZKISSEN

MOTIVGRÖSSE
ca. 40 cm x 40 cm

MATERIAL
- karierter Baumwollstoff in Rosa-Hellblau-Weiß, 40 cm x 80 cm
- Baumwollstoff in dunklem Rosa, 20 cm x 20 cm
- karierter Stoff in Rosa-Weiß, 17 cm x 20 cm
- Vliesofix (für das Herz), 13 cm x 16 cm
- 2 Druckknöpfe in Silber, ø 1 cm
- Kissenfüllung, 38 cm x 38 cm
- Nähgarn in Rosa und Pink

VORLAGE SEITE 70,71+72

Bettwäsche

1 Den Stoff doppelt legen. Die Schablonen anfertigen und die Kronen dreimal (ergibt durch den doppelt gelegten Stoff also sechs) und die Herzen viermal (ergibt also acht) ausschneiden. Dabei die Nahtzugabe von 5 mm mit einkalkulieren.

2 Die Motive rechts auf rechts legen und rundherum mit der einfachen Naht zusammennähen. Dabei an den markierten Stellen die Motive offen lassen, damit sie gut verstürzt werden können. Danach die offenen Stellen von Hand schließen.

3 Mit der Nähmaschine die Knopflöcher in die markierten Stellen nähen und mit dem Nahttrenner öffnen.

4 Die Zackenlitze zuerst auf die Bettwäsche heftet und dann festnähen, damit sie nicht verrutschen kann.

5 Vier Knöpfe mit 42 cm Abstand zueinander auf den Deckenbezug, drei Knöpfe mit 18 cm Abstand zueinander auf den Kissenbezug nähen. Die Motive dann auf die Bettwäsche knöpfen (siehe Abbildung).

Kariertes Herzkissen

1 Aus dem karierten Stoff zwei 40 cm x 40 cm große Quadrate ausschneiden (ohne Nahtzugabe). Aus dem Stoff in dunklem Rosa ein 20 cm x 20 cm großes Quadrat ausschneiden und mit einem 1,5 cm breiten Saum umsäumen.

2 Die Herzapplikation aus dem rosa-weiß karierten Stoff zuschneiden und auf den rosafarbenen Stoff applizieren (siehe allgemeine Anleitung Seite 7). Dann das rosafarbene Quadrat im Zickzackstich mitten auf eines der Quadrate aus kariertem Stoff nähen. Es dafür aber bitte zuerst aufheften, damit es nicht verrutscht!

3 Danach die beiden Karoteile umsäumen, rechts auf rechts legen und zu einem Kissen zusammennähen. Dabei das Kissen am unteren Teil ca. 20 cm offen lassen, um es später mit der Kissenfüllung füllen zu können. An dieser Stelle die Druckknöpfe annähen.

Variations-Tipp

Die Bettwäsche sieht auch in Hellblau schön aus.

Hübsch aufgeräumt

→ sorgen für Ordnung im Kinderzimmer

BÜCHERREGAL

MOTIVGRÖSSE
60 cm x 15 cm x 25 cm
(Breite x Höhe x Tiefe)

MATERIAL
- Fichtenleimholz, 2 cm stark, 1 x 60 cm x 20 cm, 2 x 20 cm x 13 cm und 1 x 60 cm x 5 cm
- Pappelsperrholz, 4 mm stark, 35 cm x 30 cm
- 4 Pompons in Weiß, ø 5 mm
- Acrylfarbe in Weiß und Karminrot
- Bohrer, ø 5 mm

KOMMODE

MOTIVGRÖSSE
52 cm x 41 cm x 30 cm
(Breite x Höhe x Tiefe)

MATERIAL
- Regal aus unbehandeltem Fichtenholz, 52 cm x 41 cm x 30 cm
- Pappelsperrholz, 4 mm stark, 40 cm x 12 cm
- Pappelsperrholzrest, 4 mm stark
- Bastelfilz in Rosa, 20 cm x 15 cm
- Edelstahl-Schweißdraht, ø 2 mm, 15 cm lang
- Acrylfarbe in Weiß, Karminrot, Pink, Hautfarbe und Gold
- Bohrer, ø 2 mm

VORLAGE SEITE 73

Bücherregal

1 Zuerst in die 60 cm x 5 cm lange Leiste drei Löcher bohren. Dabei beträgt der Abstand für die beiden Löcher links und rechts jeweils 3 cm vom Rand, das dritte Loch wird ausgemittelt gesetzt.

2 Die beiden Seitenteile mithilfe von Holzleim stumpf auf den Boden leimen. Die Außenkanten müssen bündig mit der Bodenkante sein. Ca. 30 Minuten trocknen lassen.

3 Jetzt das Regal auf den Kopf drehen und die vorgebohrte Leiste ebenso exakt bündig mit der Hinterkante aufleimen (siehe Abbildung). Wer möchte, kann hierfür zwei Zwingen mit Holzzulage verwenden. Ebenfalls ca. 30 Minuten trocknen lassen.

4 Jetzt werden die Kanten individuell stark gebrochen und geschliffen. Dann das Regal mit einem selbst gemischten Rosaton streichen. Die Kronen in einem dunkleren Rosaton anmalen. Danach die Kanten mit einem feinen Schleifpapier abschleifen und die Pompons aufkleben. Die Punkte mit dem Ende des Pinselstiels auftupfen. Im selben Rosaton das Muster auf das Buchregal malen. Dann die Kronen aufkleben.

Kommode

1 Aus Weiß und Karminrot einen schönen Rosaton mischen und das zerlegte Holzregal damit anmalen. Nach dem Trocknen das Regal laut Herstellerangaben zusammenbauen.

2 Die Elfe und die Kronen aus Pappelsperrholz aussägen.

3 Danach die Kronen mit einem dunkleren Rosaton bemalen. Dafür einfach noch etwas Karminrot in die Restfarbe des Holzregals mischen. Dann die Kronen an den Kanten mit weißer Acrylfarbe mithilfe eines trockenen Borstenpinsels abtupfen, damit die Kanten leicht gefrostet aussehen.

4 Die goldenen Ornamente frei Hand oder nach Vorlage an den Rändern mit einem feinen Haarpinsel auf die Kommode malen, ebenso die pinkfarbenen Punkte oben. Die Elfe von beiden Seiten bemalen. Nach dem Trocknen den Edelstahldraht mit Holzleim zwischen die Beine kleben (siehe Abbildung).

5 Zum Schluss die Filzherzen aufkleben und wie abgebildet oben in die Kommode ein Loch bohren, um die Elfe mit Holzleim darin zu fixieren.

Variations-Tipp

Bücherregal und Kommode sehen auch in einem wesentlich dunkleren Pinkton sehr schön aus.

Romantische Garderobe

→ mit praktischen Details

MOTIVHÖHE
ca. 50 cm

MATERIAL

- Sperrholz, 1 cm stark, 75 cm x 50 cm
- Spiegel, ø 7,5 cm
- geblümter Stoff, 90 cm x 25 cm
- Kordel in Weiß, ø 1 cm, 30 cm lang
- Kordel in Bordeauxrot, ø 3 mm, 40 cm lang
- 3 Schraubhaken in Weiß, 5 cm lang
- 4 Möbelknöpfe in Natur, ø 2 cm, 2,5 cm hoch
- 4 Schrauben, 3 mm x 2 cm
- 2 Aufhängeösen, 1,3 cm x 6 cm
- 4 Schrauben, 3 mm x 1,8 cm
- Acrylfarbe in Rosa, Weiß, Gelb, Rot, Braun, Orange und Lila
- Lackstifte in Weiß, Lila und Rosa
- Permanentmarker in Schwarz
- Nähgarn in Weiß
- Bohrer, ø 3 mm und 8 mm

VORLAGENBOGEN B

1 Die Garderobe und die Kleinteile aussägen und abschmirgeln. Die Fenster aussägen. Dafür innerhalb des Fensters ein Loch mit ø 8 mm bohren, das Sägeblatt lösen, durch das Loch stecken und wieder festziehen. Von da aus mit dem Sägen beginnen.

2 Die Garderobe wie abgebildet bemalen. Dabei in das Rosa des Schlosses etwas Weiß und in das Gelb der Krone etwas Orange nass in nass einmalen. Die Prinzessinnenarme mit hellem Lila (Weiß mit Lila gemischt) bemalen. Die Linien hinterher mit dem Lackstift in Lila auftragen. Die Blumen im Kleid ebenfalls mit dem Lackstift aufmalen. Alle Permanentmarker- und Lackstiftlinien und -muster aufzeichnen.

3 Die Prinzessin und die Fensterflächen mit UHU Alleskleber kraft hinter die Garderobe leimen. Die Fensterläden und die Krone auf der Garderobe fixieren. Den Spiegel auf die Krone kleben. Die weiße Kordel um den Spiegelrand herumkleben und unten zusammenkleben.

4 Die Löcher für die Kleiderhaken von unten in die Garderobe vorbohren (Bohrer, ø 3 mm) und die Schraubhaken eindrehen. Für die Halterung der Stoffsäckchen die Möbelknöpfe von hinten an den gekennzeichneten Stellen festschrauben. Dafür ebenfalls die Löcher vorbohren.

5 Die Säckchen laut Schnittmuster ausschneiden. Zuerst bei den beiden Vorderteilen die Ecken am Boden laut Markierungen rechts auf rechts zusammenlegen und zusammennähen. Die Nahtzugabe auf 5 mm zurückschneiden und mit Zickzackstich versäubern. Die Rückenteile an den Seiten und am Boden an die Vorderteile steppen. Die Nahtzugabe ebenfalls zurückschneiden und versäubern. Den oberen Saum laut Vorlage doppelt einschlagen und feststeppen. Die Kordeln als Aufhängung annähen. Hierfür die bordeauxfarbene Kordel in vier gleich lange Stücke schneiden und hinten an die Stoffsäckchen steppen. Die Säckchen an den Möbelknöpfen aufhängen.

6 Zum Schluss das Holzherz über die Enden der Spiegelkordel kleben und die Aufhängeösen von hinten an die eingezeichneten Stellen auf dem Fensterhintergrund schrauben.

Variations-Tipp

Die Säckchen können Sie selbstverständlich auch aus unifarbenem Stoff nähen.

Zauberhaftes Prinzessinnenbild

→ *hängt sich jede Prinzessin gerne in ihr Zimmer*

MOTIVHÖHE
ca. 23 cm

MATERIAL
- Tonkarton in Weiß, A5
- Buntstifte in Gelb, Orange, Rosa, Pink, Hellblau, Blau, Hellgrün, Hautfarbe, Braun, Lila, Rot, Grau und Hellbraun
- Holzrahmen, 18 cm x 23 cm
- Blumenborte in Hellblau, 1 cm breit, 60 cm lang
- Samtband in Hellgrün, 1 cm breit, 40 cm lang
- 17 Strasssteine in Rosa, ø 6 mm
- 4 Pompons in Hellblau, ø 8 mm
- Acrylfarbe in Gold und Pink
- Klebestreifen
- Bildaufhänger

VORLAGE SEITE 74

1 Zuerst nach Vorlage das Bild malen. Wer das Bild nicht selbst malen möchte, kann das Motiv auch alternativ auf festes Papier kopieren und es dann mit den Buntstiften ausmalen.

2 Dann den Holzrahmen komplett in Gold anstreichen und trocknen lassen. Die Innenkanten des Ausschnitts pinkfarben anmalen. Frei Hand die Wellenlinien am inneren Rahmenausschnitt auftragen und trocknen lassen.

3 Das grüne Samtband und die Blümchenborte wie abgebildet auf den Rahmen kleben. An allen vier Ecken des Ausschnitts die hellblauen Pompons platzieren. Kleine Strasssteine um den Rahmenausschnitt kleben.

4 Hinter dem Rahmenausschnitt das selbst gemaltes Prinzessinnenbild mit Klebestreifen anbringen. Den Bildaufhänger oben hinter dem Rahmen befestigen.

Anwendungs-Tipp

Selbstverständlich können Sie auch ein Foto Ihrer kleinen Prinzessin in den Bilderrahmen stecken.

Wie hübsch!

→ hier bewundert sich jede Prinzessin gern

SPIEGEL

MOTIVHÖHE
ca. 44 cm

MATERIAL
- Spiegel mit Metallgestell, 37 cm hoch
- 2 Pompons in Rosa, ø 5 mm
- Pappelsperrholzrest, 4 mm stark
- Sprühlack in Rosa
- Acrylfarbe in Weiß und Gold
- Schleifpapier
- Spiegelklebeband, Powerstrips oder doppelseitiges Klebeband
- Zeitungspapier
- Klebeband
- Holzleim

SCHMUCKTRUHE

MOTIVGRÖSSE
35 cm x 25 cm x 26,5 cm
(Breite x Höhe x Tiefe)

MATERIAL
- Kästchen aus unbehandeltem Holz, 35 cm x 25 cm x 26,5 cm
- Pappelsperrholzrest, 6 mm stark
- Acrylfarbe in Weiß, Karminrot und Gold
- 8 Pompons in Rosa, ø 5 mm

VORLAGE SEITE 71

Spiegel

1 Das Metallgestell mit dem Schleifpapier kurz anschleifen. Danach die Spiegelfläche mit Zeitungspapier abkleben. Den Metallfuß von beiden Seiten lackieren und gut trocknen lassen.

2 Die Krone auf den Holzrest aufzeichnen und aussägen. Die Kanten mit Schleifpapier glätten. Nun die Krone mit der weißen Acrylfarbe anmalen. Nach dem Trocknen mit einem trockenen Borstenpinsel die Kanten mit goldener Acrylfarbe betupfen. Die Pompons mit Holzleim aufkleben.

3 Auf die Rückseite des Spiegels ein ca. 3 cm langes Stück Spiegelklebeband kleben und die fertige Krone darauf fixieren.

Schmucktruhe

1 Die Teile des Holzkästchens mit der selbst gemischten Acrylfarbe aus Weiß und Karminrot bemalen. Sollte die Farbe zu dick sein, kann diese mit etwas Wasser verdünnt werden.

2 Die Krönchen auf das Pappelsperrholz zeichnen und aussägen. Danach die Kanten abschleifen und die Krönchen mit weißer Acrylfarbe bemalen. Auf die Kanten der getrockneten Krönchen mit einem trockenen Borstenpinsel goldene Acrylfarbe auftupfen. Die Pompons auf die Krönchenspitzen kleben.

3 Als nächstes mithilfe eines Pinselstils Punkte auf die beiden oberen Schubladen auftupfen.

4 Zum Schluss die Krönchen als Griffe auf die Schubladen kleben und anschließend die Pompons mit Holzleim befestigen.

Variations-Tipp

Die Schmucktruhe kann auch in Weiß angemalt werden und die Krönchen in Rosé.

Prinzessin Annabella

→ Fensterbild

MOTIVHÖHE
ca. 33 cm

MATERIAL

- Tonkartonreste in Hautfarbe, Gelb, Pink, Weiß, Rosa, Türkis, Hellgrün, Orange, Gold und Flieder
- 3 Strasssteine in Rosa, ø 6 mm
- 8 Dekorröschen in Rosa, ø 1 cm
- Filzstifte in Schwarz, Pink, Gelb, Grün und Blau
- Buntstift in Rosa
- Lackstift in Gold
- Flüssigflitter in Silber
- Streuflitter in Bunt
- Abstandsband
- Bastdraht in Grün, 5 cm lang

VORLAGENBOGEN B

1 Sämtliche Motivteile einzeln von der Vorlage abzeichnen, auf Tonkarton übertragen und ausschneiden (siehe allgemeine Anleitung Seite 4, „Papierarbeiten").

2 Den Kragen oben auf das Kleid kleben, den Hals auf dem Kragen befestigen. Die Haare wie auf der Vorlage gezeigt am Pony einschneiden. Hier nun das Gesicht zuerst oben unter den Haarpony schieben und dann auf dem Haarteil festkleben.

3 Den Kopf der Prinzessin mit der Krone und den Röschen schmücken. Kleine Strasssteine auf die Krone kleben und die Haare mit gelben Kringeln bemalen.

4 Den Blumentopf zusammenkleben. Dafür ein Stück Bastdraht von 5 cm Länge hinter den Topf kleben und oben die Blätter und das Herz aufsetzen. Das Herz mit Flitter besteichen und Topf und Blätter mit Filzstift bemalen.

5 Die Arme hinter die Kleidärmel kleben. Den linken Ärmel auf die linke Schulter kleben, dabei nicht den Arm festkleben. Den Blumentopf nun mit Abstandsband hinter der linken Hand auf das Kleid kleben. Die Beine mitsamt den Schuhen unten hinter dem Kleid befestigen. Danach den Saum des Kleides mit Blümchen dekorieren.

6 In die rechte Hand einen kleinen Schmetterling setzen. Für dessen Fühler zwei dünne Streifen aus pinkfarbenem Tonkarton hinter den Kopf kleben.

7 Das niedliche Gesicht mit den ausgeschnittenen und aufgemalten Augen bekleben. Die Nase, Wimpern und den Mund aufmalen. Die Wangen mit Buntstift röten.

Variations-Tipp

**Sehr hübsch ist es, wenn um Prinzessin Annabella viele bunte Schmetterlinge fliegen.
Das Fensterbild kann auch schön auf eine Sammelmappe geklebt werden.**

Einmal im Leben Prinzessin sein

Welches Mädchen träumt nicht davon, einmal im Leben Prinzessin sein zu dürfen? Wunderschöne Kleider und funkelnden Schmuck zu tragen, in einem herrlichen Schloss zu leben, prunkvolle Feste zu geben, eine Kutsche mit weißen Pferden zu haben und einen Prinzen an der Seite, der sie auf Händen trägt? Mit diesem Buch wird der Mädchentraum ein Stückchen weit Wirklichkeit!

Wie im Märchen

Schneewittchen, Aschenputtel, Rapunzel, Dornröschen ... in vielen Märchen müssen sich junge, unschuldige Mädchen mit reinem Herzen dem Bösen widersetzen, werden zum Schluss von einem Prinzen erlöst und leben von da an glücklich und zufrieden bis an ihr Lebensende. Die Mädchen sind liebenswert und hübsch, anmutig und gut – und jede Leserin und jeder Leser gönnt ihnen am Ende des Märchens ihr Glück von ganzem Herzen und freut sich, dass der fiesen Widersacherin oder dem bösen Feind das Handwerk gelegt wurde. Wer möchte sich da nicht mit der Heldin identifizieren? Wer träumt nicht davon, das am Ende das Gute immer gewinnt?

Ein Mädchentraum

Kinder schlüpfen gerne in andere Rollen, nicht nur zur Faschingszeit. Das fördert die Fantasie und macht riesigen Spaß! Während Jungen gerne zu Land-Piraten oder Großstadt-Cowboys werden, träumen viele Mädchen davon, einmal in ihrem Leben eine Prinzessin oder eine Fee sein zu dürfen – mit prächtigen Kleidern und viel Prunk und Pomp! Und so wühlen die kleinen Prinzessinnen zuhause unter Umständen durchaus mal in Mamas Kleiderschrank, probieren heimlich Stöckelschuhe und Lippenstifte aus und funktionieren das Rüschennachthemd in ein rauschendes Ballkleid um.

Fast alle Mädchen wären gerne mal Prinzessin

Verkleiden macht riesigen Spaß

Rosa über alles

Besonders beliebt ist bei kleinen Prinzessinnen die Farbe Rosa. Sicher haben Sie das auch schon erlebt: Ihre Tochter feiert ihren Kindergeburtstag – und fast alle Mädchen haben sich herausgeputzt und tragen ihre Lieblingsfarbe, nämlich Rosa! Rosa gilt als die Farbe der Unschuld, steht für alles Ersehnte und Unerfüllte, ist weich und romantisch. Rosa ist die Brille, mit der man in eine bessere Zukunft blickt. Sicher kennen auch Sie den Ausspruch: „Think pink!“ Trotzdem gelingt es kaum einem Erwachsenen, die Farbe Rosa neutral zu betrachten. Für einige ist sie die absolute Lieblingsfarbe, andere dagegen können sie überhaupt nicht leiden und fürchten, dass ihre Töchter durch die übertriebene Rosa-Manie zu kleinen Püppchen erzogen werden. Fakt ist natürlich, dass viele Spielzeug-Hersteller die Farbe nützen, um Mädchen gezielt anzusprechen und z. B. ihre Katalogseiten oder gleich die Spielsachen selbst im entsprechenden Farbton gestalten. Darauf ist natürlich zu achten. Aber: Wenn Sie sich jetzt als Mutter, Tante oder liebe Freundin einer kleinen Prinzessin zurückerinnern an Ihre Lieblingspuppe früher oder Ihr Lieblingskleid, welche Farbe hatten diese? Rosa? Und heute sind Sie erwachsen und stehen im Berufs- und Privatleben „ihren Mann“! Lassen wir unsere Töchter und deren Freundinnen also ihre Rosa-Phase aus vollem Herzen genießen – und sorgen gleichzeitig dafür, dass sie auch andere Angebote bekommen. Die modernen Prinzessinnen von heute wollen sich nämlich nicht nur verkleiden, sondern zwischendurch auch mal mit Autos oder Bauklötzchen spielen. Übrigens: Nach kirchlichem Farbsystem gilt Rosa stellenweise sogar als eine männliche Farbe – und Maria trägt auf den meisten Bildern einen blauen Umhang! Interessant, nicht?

Ein Zuhause für die kleine Prinzessin

Natürlich würde Ihre kleine Prinzessin am liebsten in einem Schloss wohnen, sich von einer Kutsche durch die Gegend fahren lassen, ständig in hübschen Kleidern schwelgen und auf rauschenden Bällen tanzen. Das geht natürlich nicht immer, denn zwischendurch muss sie ja noch in den Kindergarten oder die Schule gehen, den Mittagstisch abräumen und den Hund Gassi führen. Aber ein bisschen träumen ist natürlich erlaubt! Dekorieren Sie deshalb das Zimmer Ihres Lieblings mit stilechten Accessoires, basteln Sie gemeinsam tollen Schmuck und wunderschöne Verkleidungen und tauchen Sie so in eine romantische Märchenwelt ein. Dabei wünschen wir Ihrer kleinen Prinzessin und Ihnen ganz viel Freude!

Ein Traum – einmal in einem Schloss leben zu dürfen

Geschenke für Prinzessinnen

Kleine Prinzessinnen lieben Geschenke, vor allem dann, wenn diese so richtig schön rosa sind. Wie wäre zum Beispiel eine Schmuse-Prinzessin, die überall mit dabei sein kann, oder ein zauberhaftes Märchenschloss aus Holz, mit dem es sich herrlich spielen lässt?

Schmuse-Prinzessin

→ überall mit dabei

1 Das Bügelvlies (10 cm x 10 cm) zwischen die beiden Stoffstücke in Gelb-Weiß legen und aufbügeln. Ebenso das Bügelvlies auf die Rückseiten des hautfarbenen Stoffs (15 cm x 15 cm) und des geblümten Fleece (25 cm x 25 cm) aufbügeln. Dabei ein dünnes Tuch zwischen das Bügeleisen und den Fleece legen.

2 Die Krone mit Bleistift aufzeichnen. Dann mit engem Zickzackstich innerhalb der Konturen nähen und die Krone vorsichtig entlang der Stiche ausschneiden.

3 Das Vorderteil der Puppe aus Stoff in Hautfarbe, das Rückenteil und die zwei rückwärtigen Kopfteile aus kariertem Stoff in Rosa-Weiß zuschneiden.

4 Das Kleid aus geblümtem Fleece auf das Vorderteil bügeln (dünnes Tuch!). Mit engem Zickzackstich den Halsausschnitt des Kleides auf dem Vorderteil festnähen. Die Borte für den Kragen auf die Länge des Halsausschnitts einkräuseln und am Halsausschnitt entlang des Kleides feststeppen. Alle Kanten der Tasche mit Zickzackstich versäubern, 1 cm breit nach innen einschlagen und füßchenbreit annähen. Die Tasche laut Vorlage auf den Bauch stecken und schmal aufsteppen, dabei oben offen lassen.

5 Die Arme und Beine jeweils rechts auf rechts zusammenlegen und an der Seitennaht schließen. Oben und unten offen lassen und wenden. Für die Hände und Schuhe jeweils zwei Teile rechts auf rechts zusammenlegen und rundherum zusammennähen. Oben offen lassen. Die Teile wenden und nicht zu fest mit Füllwatte stopfen. Dann die obere Kante der Schuhe 1 cm nach innen einschlagen, die Beine 1 cm weit einschieben und an der Kante entlang die Teile zusammensteppen. Die Beine mit Füllwatte ausstopfen. Die Arme an einer offenen Kante 1 cm nach innen einschlagen, die Hände 1 cm weit einschieben und an der Kante entlang zusammensteppen. Dann die Arme ausstopfen. Arme und Beine laut Vorlage in der Nahtzugabe des Kleides feststeppen.

6 Für die Rüsche am unteren Rand des Kleides den Streifen Glitzerstoff der Länge nach rechts auf rechts zusammenlegen und die schmalen Seiten steppen. Die Rüsche wenden und die Längsseite knappkantig zusammensteppen. Von Hand mit der Nadel einen Faden ca. 5 mm unterhalb des zugesteppten Randes mit kurzen Abständen einziehen. Auf 16 cm zusammenkräuseln und in der Nahtzugabe an das Kleid nähen.

7 Ca. 50 Wollfäden als Haare oben auf dem vorderen Kopfteil laut Vorlage in der Nahtzugabe eng aneinander liegend feststeppen. Außerdem ca. 30 Wollfäden in die Mittelnaht der rückwärtigen Kopfteile einnähen (siehe Abbildung). Dafür jeweils die Hälfte pro Seite in der Nahtzugabe eng aneinander feststeppen. Beide Teile rechts auf rechts legen und die Mittelnaht schließen.

MOTIVHÖHE
ca. 45 cm

MATERIAL
- geblümter Fleece, 25 cm x 25 cm
- Stoff in Hautfarbe, 90 cm x 25 cm
- karierter Stoff in Rosa-Weiß, 25 cm x 55 cm
- gestreifter Stoff in Blau-Weiß, 20 cm x 15 cm
- karierter Stoff in Gelb-Weiß, 2 x 10 cm x 10 cm
- karierter Stoff in Pink-Rosa, 15 cm x 15 cm (Tasche)
- Fleece in Rosa, 50 cm x 10 cm
- Stoff in Rosa mit Glitzer, 35 cm x 7 cm
- doppelseitig klebendes Bügelvlies für Applikationen, 10 cm x 10 cm, 15 cm x 15 cm und 25 cm x 25 cm
- Borte in Rosa, 2 cm breit, 15 cm lang
- ca. 80 Wollfäden in Gelb, je 23 cm lang
- Nähfaden in Weiß, Gelb, Pink und Rosa
- Füllwatte
- Kordel in Pink, ø 3 mm, 40 cm lang
- 2 Haargummis in Pink
- Permanentmarker in Schwarz
- Buntstift in Rot
- dünnes Tuch

VORLAGE SEITE 73 + VORLAGENBOGEN A

Ein Festmahl für die Prinzessin

→ Geschirr

WEITERFÜHRUNG

Schmuse-Prinzessin

8 Dann die obere rückwärtige Kopfhälfte ans Rückenteil nähen. Das Rückenteil der Puppe rechts auf rechts auf das Vorderteil legen und rundherum zusammensteppen. Die Stopföffnung laut Vorlage offen lassen! Die Puppe wenden und locker mit Füllwatte stopfen. Die Stopföffnung im Matrazenstich (siehe Skizze Seite 73) von Hand schließen.

9 Die Haare mithilfe der Haargummis zu Zöpfen frisieren und vorne den Pony schneiden. Das Gesicht mit Permanentmarker aufmalen und die Wangen mit Buntstift röten. Die Kordel halbieren, zwei Schleifen daraus binden und mit ein paar Stichen auf den Schuhen fixieren.

MOTIVHÖHE
ca. 12 cm (Tasse)

MATERIAL

- Keramiktasse in Weiß, 12 cm hoch
- dreieckiger Keramikteller in Weiß, ø 26 cm
- Porzellanmalstift in Schwarz
- Porzellanmalfarben in Rosa, Hellblau, Rot, Grün, Flieder und Gelb
- Graphitpapier für Keramik
- feiner Pinsel
- Kugelschreiber

VORLAGE SEITE 75

1 Für den Teller das Graphitpapier mit der matten Seite nach oben über den Teller legen. Darüber die zuvor abgepauste Vorlage legen. Beides mit Klebefilm etwas fixieren.

2 Mit einem feinen Kugelschreiber die Linien kräftig nachzeichnen.

3 Nun alle Motivlinien der Herzen, Kronen, Blumen, des Schlosses und des Schmetterlings mit dem schwarzen Porzellanmalstift nachzeichnen. Gut trocknen lassen und wie in der Anleitung des Herstellers beschrieben im Ofen einbrennen.

4 Die Porzellanmalfarben wie abgebildet mit einem feinen Pinsel in die Konturen einmalen. Eventuell gewünschte Farben in den Motivflächen mischen. Wieder gut trocknen lassen und erneut im Ofen brennen.

5 Die Tasse wird ebenso gestaltet.

Bastel-Tipp

Sie können die Farben nach Belieben zusammenmischen oder – wenn Sie es einfacher mögen – auch nur Porzellanstifte verwenden.

Freche Tasche

→ für alles, was immer dabei sein muss

MOTIVHÖHE
ca. 17 cm

MATERIAL
- fester Stoff in Hautfarbe, 50 cm x 20 cm
- geblümter Stoff in Pink, 55 cm x 30 cm
- Stoffrest in Weiß
- karierter Stoff in Gelb-Weiß, 2 x 20 cm x 5 cm
- karierter Stoff in Rosa-Weiß, 25 cm x 8 cm
- doppelseitig klebendes Bügelvlies für Applikationen, 20 cm x 5 cm und Rest
- ca. 60 Wollfäden in Gelb, je 24 cm lang
- Tragegurt in Rosa, 4 cm breit, 85 cm lang
- Nähgarn in Hautfarbe, Pink, Gelb und Weiß
- Buntstift in Rot
- Permanentmarker in Schwarz
- 2 Haargummis in Pink

VORLAGE SEITE 76

1 Das große Stück Bügelvlies zwischen die beiden karierten Stoffstücke in Gelb-Weiß und den Rest auf den Stoff in Weiß bügeln. Aus dem weißen Stoff die Augen ausschneiden. Die Krone mit Bleistift auf den karierten Stoff aufzeichnen und mit gelbem Nähgarn mit engem Zickzackstich innerhalb der Konturen nähen. Vorsichtig entlang der Stiche ausschneiden.

2 Für den Kopf (= Vorderseite der Tasche) den hautfarbenen Stoff laut Vorlage mit 1 cm Nahtzugabe zuschneiden. Aus geblümtem Stoff in Pink für die Rückseite der Tasche die Gesichtsform mit 1 cm Nahtzugabe und für die Taschenbreite einen 55 cm x 7 cm langen Streifen ausschneiden.

3 Die Augen auf das Gesicht bügeln und mit engem Zickzackstich in Weiß aufnähen. Für die Haare Wollfäden innerhalb der Markierungen dicht aneinander legen und in der Nahtzugabe feststeppen. Die Krone rechts auf rechts auf den oberen (geraden) Rand des Gesichts legen, feststecken und annähen. Für die Rüsche den karierten Stoff in Rosa-Weiß der Länge nach rechts auf rechts zusammenlegen und die schmalen Seiten zusammensteppen. Die Rüsche wenden und die Längskante knappkantig zusammensteppen. Von der Hand mit der Nadel einen Faden ca. 5 mm unterhalb des zugesteppten Randes der Rüsche mit kurzen Abständen einziehen und so die Rüsche auf ca. 12 cm einkräuseln. Laut Vorlage in der Nahtzugabe feststeppen.

4 Den 55 cm x 7 cm langen Stoffstreifen rechts auf rechts rundherum am Rand des Gesichts annähen. Dabei an beiden Enden 1 cm überstehen lassen. Das Rückenteil ebenso von der anderen Seite an den Stoffstreifen annähen. Alle Kanten mit dem Zickzackstich versäubern. Die beiden überstehenden Enden des Stoffstreifens nach innen einschlagen und festnähen. Dann den Tragegurt oben an beiden Seiten der Tasche an den Mittelstreifen annähen. Die Haare mithilfe der Haargummis zu Zöpfen frisieren und Nase, Mund, Pupillen und Sommersprossen mit dem Permanentmarker aufmalen. Die Wangen mit Buntstift röten.

Spar-Tipp

Wenn Sie keinen Tragegurt bekommen oder er zu teuer ist, können Sie auch einen Gürtel oder breite Schnürsenkel benutzen.

Kleine Geheimnisse

→ Schatzkästchen und Notizbuch

MOTIVGRÖSSE
Schatzkästchen ø ca. 20 cm
Notizbuch ca. 13 cm hoch

MATERIAL FÜR BEIDE MODELLE
- Flüssigflitter in Hellgrün
- Lackstift in Gold

ZUSÄTZLICH FÜR DAS SCHATZKÄSTCHEN
- Pappmachédose, oval, ø 20 cm
- 4 Röschen auf Schleife in Weiß, ø 2 cm
- 33 Wachsperlen in Weiß, ø 4 mm
- Blümchenborte in Rosa, 1 cm breit, 60 cm lang
- Plüsch in Rosa, 10 cm breit, 60 cm lang
- 2 Strasssteine in Weiß, ø 8 mm
- Bastelfarbe in Türkis-Metallic

ZUSÄTZLICH FÜR DAS NOTIZBUCH
- Notizheft, 13 cm x 8 cm
- Röschen auf Schleife in Weiß, ø 2 cm
- 3 Wachsperlen in Weiß, ø 4 mm
- Blümchenborte in Rosa, 1 cm breit, 12 cm lang
- Strassstein in Weiß, ø 8 mm
- Fotokartonrest in Rosa

VORLAGE SEITE 74+80

Schatzkästchen

1 Die Pappschachtel und den Deckel in Türkis anmalen und trocknen lassen.

2 Die Motivteile von der Vorlage mit einem weichen Bleistift auf Transparentpapier abpausen. Das Papier umdrehen, auf die Schachtel legen und die Linien nochmals nachziehen. So übertragen sich die Motive auf die Schachtel.

3 Die Konturen mit dem Lackstift, die großen Schnörkel mit Flitter nachzeichnen. Zusätzlich goldene Punkte aufmalen und die Schachtel mit dem Namen beschriften.

4 Den Deckel am Rand mit der Blümchenborte und die Schachtel unten mit dem zur Hälfte gelegten, 5 cm hohen Plüschstoff-Streifen verzieren. Beides mit Heißkleber fixieren. Die Perlen auf die Kronenspitzen kleben und die Schachtel mit Röschen und Strasssteinen schmücken.

Notizbuch

1 Den Fotokarton auf die Größe des Notizheftes zuschneiden und die Vorderseite damit überkleben.

2 Wie oben beschrieben die Krone und den Schnörkel von der Vorlage auf den Fotokarton übertragen.

3 Mit dem Lackstift und dem Flitter die Linien nachziehen und trocknen lassen. Die Blümchenborte links am Rand fixieren und die Rose, die Wachsperlen und einen Strassstein aufkleben.

Einkaufs-Tipp

Das Plüsch- und Blümchen-Bortenband ist in den Kurzwarenabteilungen der Kaufhäuser erhältlich.

Pia

Beschwingtes Mobile

→ *ganz zart und luftig*

MOTIVHÖHE
ca. 50 cm

MATERIAL
- Sperrholz, 1 cm stark, 30 cm x 25 cm
- Windradfolie, A4
- Windowcolor-Farbe in Gelb, Rot, Orange, Pink, Rosa, Lila, Hellblau, Hautfarbe, Grün, Dunkelblau und Weiß
- Indianerperlen in Bunt gemischt, ø 2,5 mm
- 6 Perlen in Lila, ø 5 mm
- Golddraht, ø 0,3 mm
- Perlonfaden, ø 0,3 mm, 1,2 m lang
- Acrylfarbe in Lila, Weiß und Orange
- Permanentmarker in Schwarz
- Lackstifte in Weiß, Lila und Rosa
- Bohrer, ø 1,5 mm
- Nähnadel
- ggf. Zahnstocher

**VORLAGE SEITE 77
UND VORLAGENBOGEN A**

1 Die Motive von der Vorlage auf Transparentpapier übertragen. Die Windradfolie direkt auf das Transparentpapier legen und die Flächen in den gewünschten Farben aufmalen. Dabei die Farbe in schmale Stellen und Ecken vorsichtig mit einer Nadel oder einem Zahnstocher hineinziehen. Da keine Konturenfarbe benutzt wird, darauf achten, dass jeweils aneinander grenzende Flächen schon trocken sein müssen, bevor weitergemalt wird. Nach dem Trocknen die schwarzen Linien mit dem Permanentmarker aufmalen und die Muster und Effekte mit den Lackstiften ergänzen (siehe Abbildung, rechte Prinzessin). Die Motive ausschneiden, dabei knapp an den Linien entlangschneiden, bei sehr kleinen Motiven ringsherum aber etwas mehr Folie stehen lassen. Die Löcher wie abgebildet mithilfe einer Nadel einstechen.

2 Jeweils ca. 15 Indianerperlen auf ca. 50 cm Golddraht auffädeln (siehe Schrittfoto Krone, Seite 13). Die Perlenkette dann um einen Permanentmarker wickeln, um eine Spirale zu formen. Die Enden durch die Löcher der Windowcolor-Motive führen und verzwirbeln. So sechs Ketten fädeln, bis alle Motive wie abgebildet miteinander verbunden sind.

3 Die Blume aus Sperrholz aussägen, abschmirgeln und bemalen. Die benötigten Löcher bohren und den Draht der Motivketten von unten durch die Löcher schieben. Oben je eine Perle in Lila auffädeln und das Drahtende um die Perle zwirbeln.

4 Den Perlonfaden in drei Stücke schneiden. Je einen Faden durch ein Loch führen und am Blumenrand verknoten. Die drei losen Enden oben als Aufhängung zu einem Knoten zusammennehmen.

Variations-Tipp

Natürlich können Sie die Motive auch mit Konturenfarbe malen (siehe Abbildung, linke Prinzessin). Wegen der kleinen Muster ist dies aber recht schwierig. Wenn Sie die Motive vergrößern, können sich auch die Kleinen an der Bastelei beteiligen. Diese Motive hängen Sie dann z. B. einzeln ins Fenster.

Märchenschloss

→ zum fantasievollen Spielen

MOTIVHÖHE
ca. 42 cm

MATERIAL
- Massivholz, 1,8 cm stark, 5 x 40 cm x 40 cm
- Rundholz, ø 8 mm, 2 x 10 cm lang
- Rundholz, ø 8 mm, 8 x 6 cm lang
- 8 Holzkugeln, ø 2,5 cm, mit Bohrung, ø 8 mm
- Quadratleiste, 9 mm x 9 mm, 4 x 18,5 cm lang
- 3 Dübel, ø 8 mm
- 12 Nägel, 1,4 mm x 2 cm
- Acrylfarbe in Altrosa, Weiß, Grün und Hellgrün
- Permanentmarker in Schwarz
- Lackstifte in Weiß und Pink
- Bohrer, ø 1,5 mm und 8 mm

VORLAGENBOGEN A

1 Alle Holzteile laut Vorlage zusägen und die Kanten und Ecken abschmirgeln. Dann die Schlossteile gemäß Abbildung und Vorlage bemalen. Mit Weiß nass-in-nass Lichteffekte in das Altrosa malen. Das Schloss mit dem Permanentmarker und den Lackstiften verzieren.

2 Je ein 6 cm langes Rundholzstück in eine Perle stecken und evtl. einleimen. Die Kugeln bemalen, die Stäbe jedoch nicht (siehe Abbildung).

3 Die Leisten wie auf dem Schrittfoto (siehe Abbildung) gezeigt bündig an die schmalen Seiten der Obergeschossböden nageln. Hierfür die Löcher für die Nägel in den Leisten vorbohren (ø 1,5 mm). Alle Löcher mit ø 8 mm nach Vorlage in die Burgteile bohren.

4 Die Dübel von unten in das Mittelteil stecken und dieses auf die Bodenplatte setzen. Die Außenwände von außen mit den Kugelstöpseln an der Bodenplatte befestigen (siehe Bauskizze bei den Vorlagen). Die restlichen Kugelstöpsel in die dafür vorgesehenen Löcher in den Außenwänden und die 10 cm langen Rundhölzer durch die Löcher in der mittleren Wand stecken. Die Obergeschossböden auf die Rundhölzer auflegen.

Bastel-Tipp

Sie können das Schloss auch verleimen, wenn es nicht zerlegbar sein soll.

Bodenkissen

→ auch kleine Hoheiten mögen es bequem

MOTIVGRÖSSE
ca. 80 cm x 80 cm

MATERIAL
- Baumwollstoff in Dunkelrosa, 2 x 81,5 cm x 81,5 cm und 21 cm x 24 cm
- karierter Baumwollstoff in Rosa-Weiß, 33 cm x 33 cm
- gestreifter Baumwollstoffrest in Rosa-Weiß
- 3 Wachsperlen in Weiß, ø 6 mm
- Rayonkordel in Pink, ø 5 mm, 1 m lang
- Vliesofix, 30 cm x 30 cm
- Kissenfüllung, 80 cm x 80 cm
- 4 Druckknöpfe in Silber, ø 1 cm
- Nähgarn in Pink

VORLAGENBOGEN B

1 Den einfarbigen Baumwollstoff wie in der allgemeinen Anleitung angegeben zuschneiden und glatt bügeln.

2 Aus dem Karostoff das Viereck zuschneiden und mit einer Nahtzugabe von 1,5 cm einsäumen. Aus dem Rest des unifarbenen Stoffs die Krone mit 5 mm Nahtzugabe zuschneiden. Danach an der markierten Stelle den Streifen herausschneiden und stattdessen an der gleichen Stelle den gestreiften Stoff einsetzen. Dabei auch hier die Nahtzugabe am Streifenstoff nicht vergessen.

3 Die Krone mithilfe von Vliesofix mittig auf das Karoviereck aufbügeln und mit Zickzackstich aufnähen. Die drei Perlen von Hand aufnähen.

4 Die Kordel in vier gleich lange Teile schneiden. Jedes Teil zur Hälfte legen und am Ende verknoten. Nun die vier Quasten an allen vier Ecken eines großen Stoffquadrats festheften, und zwar so, dass die Knoten nach innen zeigen. Dann die beiden Vierecke rechts auf rechts aufeinander legen und mit Stecknadeln zusammenstecken.

5 Nun das Kissen mit einer einfachen Naht zusammennähen und wie vorne in der allgemeinen Anleitung beschrieben verstürzen. Dabei an der unteren Kante die Kissenhülle 60 cm offen lassen, damit das Füllkissen eingeschoben werden kann. Um das Kissen zu schließen, werden die vier Druckknöpfe aufgenäht.

Variations-Tipp

Anstatt der Druckknöpfe kann auch ein Klettband eingenäht werden.

Für kleine Badenixen

→ stilvolle Accessoires

MOTIVGRÖSSE
Bademantel Grösse 128
Handtuch ca. 50 cm x 1 m
Waschlappen ca. 15 cm x 19 cm

MATERIAL BADEMANTEL

- Bademantel in Violett, Grösse 128
- Aidastoff in Altrosa, 25 cm x 30 cm, 54 AIDA-Felder pro 10 cm
- beidseitig klebendes Bügelvlies für Applikationen, 25 cm x 30 cm
- Rüschenborte in Weiß-Rosa, 2 cm breit, 75 cm lang
- Anchor Stickgarn Nr. 2, 6, 25, 40, 97, 108, 291, 313, 314 und 403
- dünnes Tuch
- Sticknadel ohne Spitze

HANDTUCH

- Handtuch mit Aidafeld in Weiß, 50 cm x 1 m
- Anchor Stickgarn Nr. 40, 69, 97, 108, 110, 291, 313 und 403
- Sticknadel ohne Spitze

WASCHLAPPEN

- Waschlappen mit Aidafeld in Weiß, 15 cm x 19 cm
- Anchor Stickgarn Nr. 40, 110, 291, 313 und 403
- Sticknadel ohne Spitze

VORLAGE SEITE 78+79 UND VORLAGENBOGEN B

Bademantel

1 Die Prinzessin nach Zählmuster auf den Aidastickstoff sticken. Dabei das Motiv von der Mitte her auszählen. Alle schwarzen Stiche zuerst sticken und dann die Felder in den jeweiligen Farben ausfüllen.

2 Den Bügelvlies von hinten auf das Stickbild bügeln und das Motiv ausschneiden. Das Trennpapier vom Bügelvlies abziehen und die Prinzessin mittig auf den Rücken des Bademantels bügeln. Dabei ein dünnes Tuch zwischen die Prinzessin und das Bügeleisen legen. Das Motiv nicht zu weit oben platzieren, damit das Bild nicht durch die Kapuze verdeckt wird!

3 Die Rüschenborte um das Stickmotiv herum feststecken und festnähen.

Handtuch und Waschlappen

Die Krone und die Blumen laut Zählmuster aufsticken. Wie beim Bademantel zuerst die schwarzen Stiche sticken, dann die Felder in den jeweiligen Farben ausfüllen.

Einkaufs-Tipp

Den Aidastoff, das Handtuch und den Waschlappen erhalten Sie im Handarbeitsladen.

princess
princess

Türschild fürs Mädchenzimmer
SEITE 26

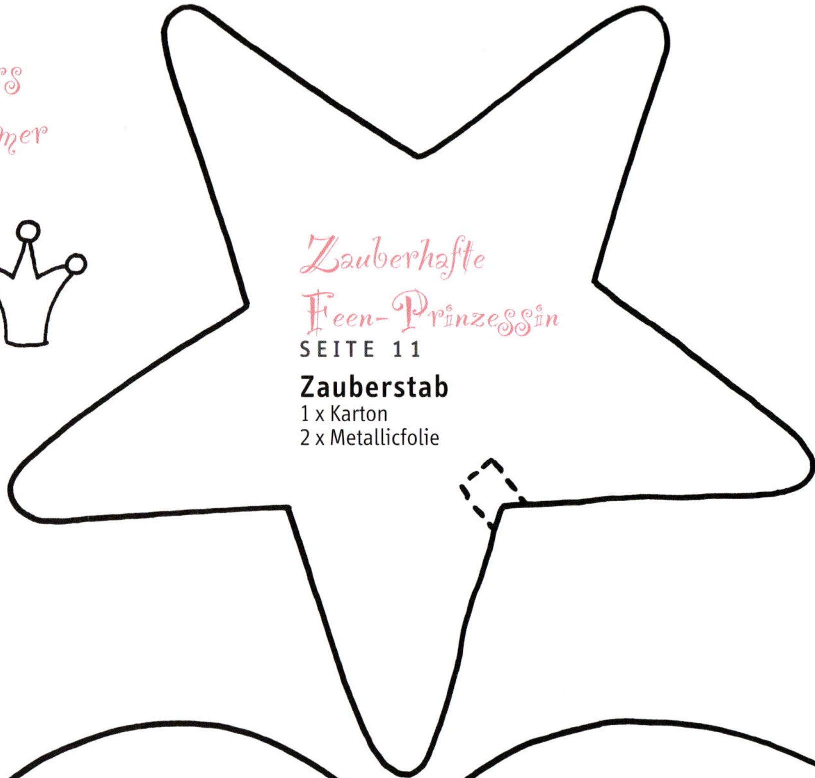

Zauberhafte Feen-Prinzessin
SEITE 11

Zauberstab
1 x Karton
2 x Metallicfolie

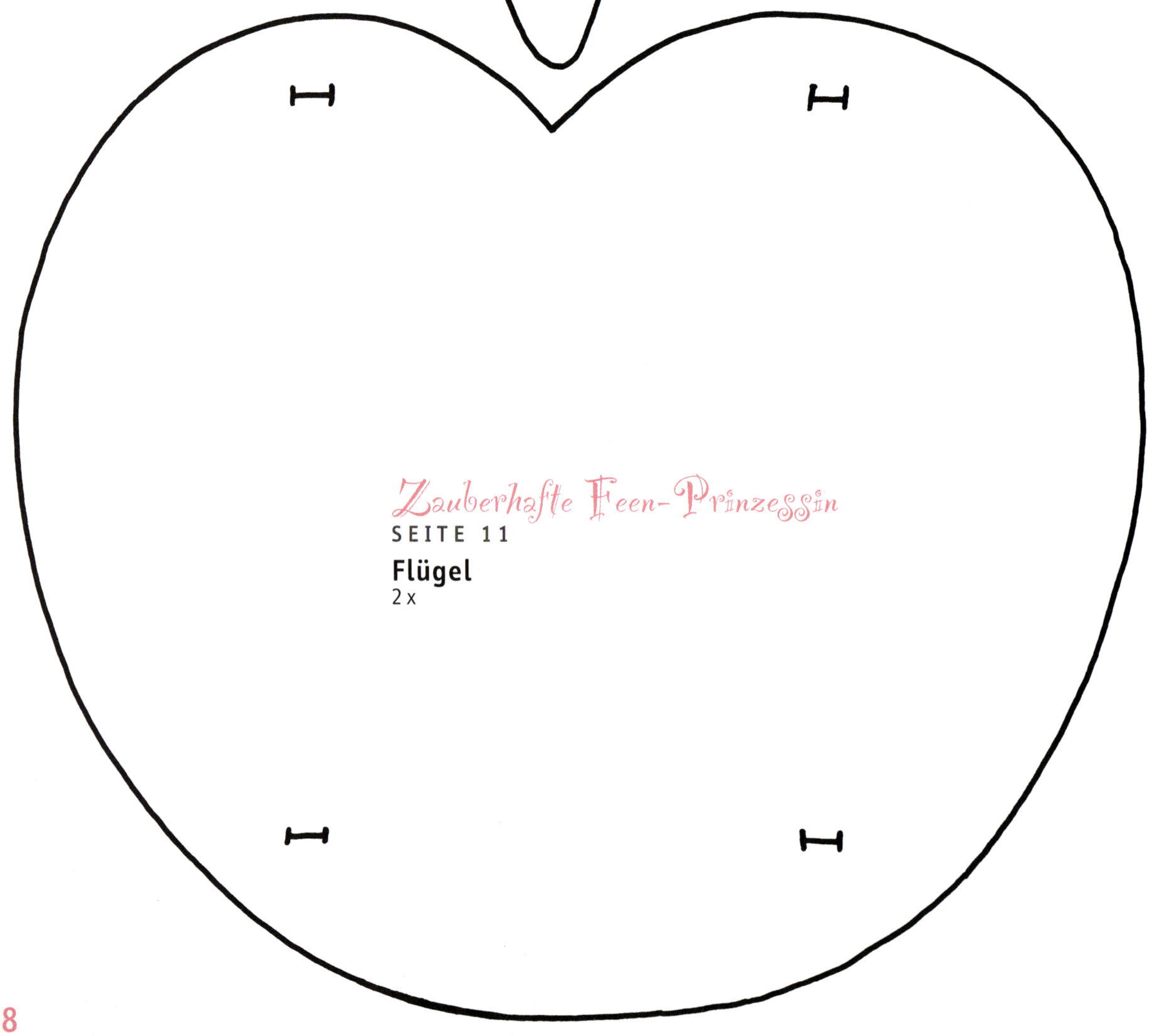

Zauberhafte Feen-Prinzessin
SEITE 11

Flügel
2 x

Heute ist Prinzessinnen-Tag
SEITE 19
T-Shirt

Heute ist Prinzessinnen-Tag
SEITE 19
Kleiner Handtaschenbeutel

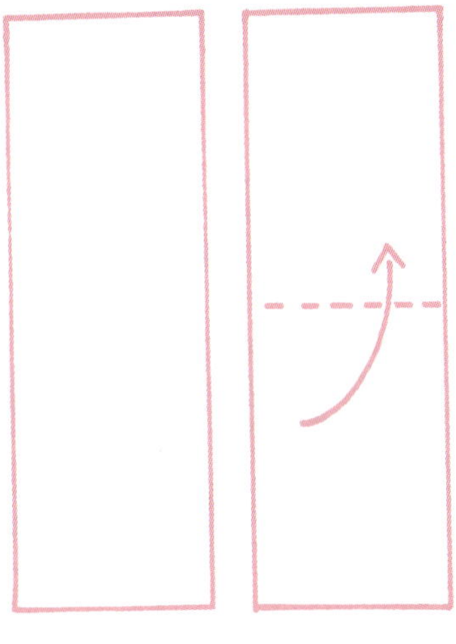

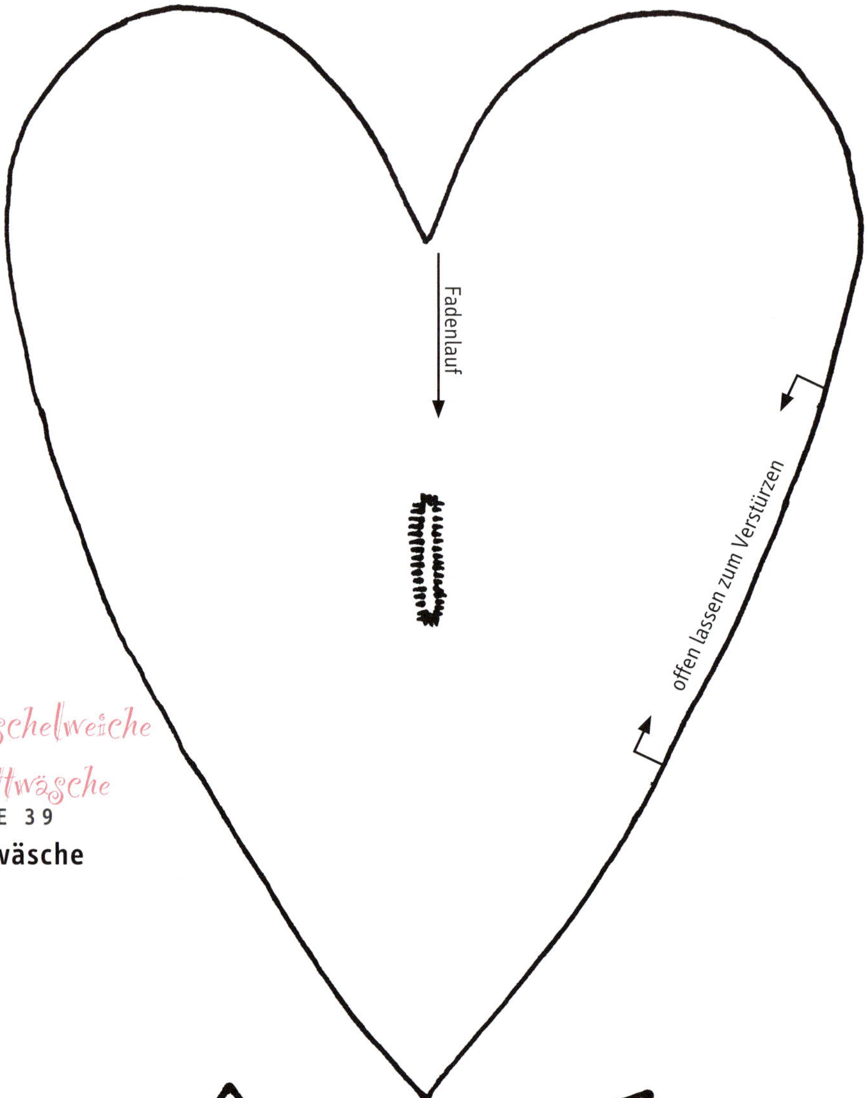

Kuschelweiche Bettwäsche

SEITE 39

Bettwäsche

Prinzessinnenthron

SEITE 31

Stuhl

Welch Haarpracht

SEITE 25

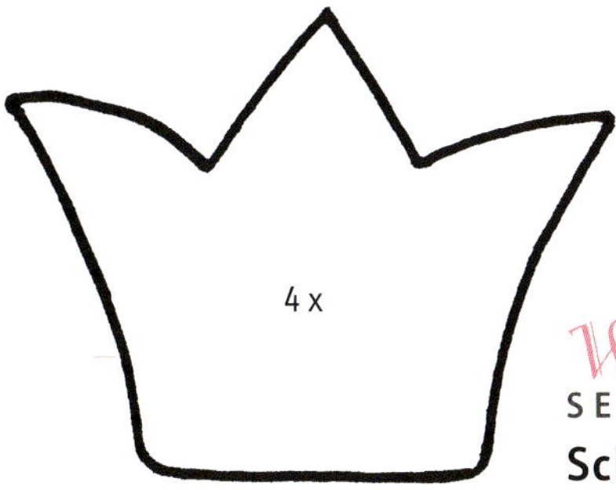

Wie hübsch!
SEITE 47
Schmucktruhe

Wie hübsch!
SEITE 47
Spiegel

Kuschelweiche Bettwäsche
SEITE 39
Bettwäsche

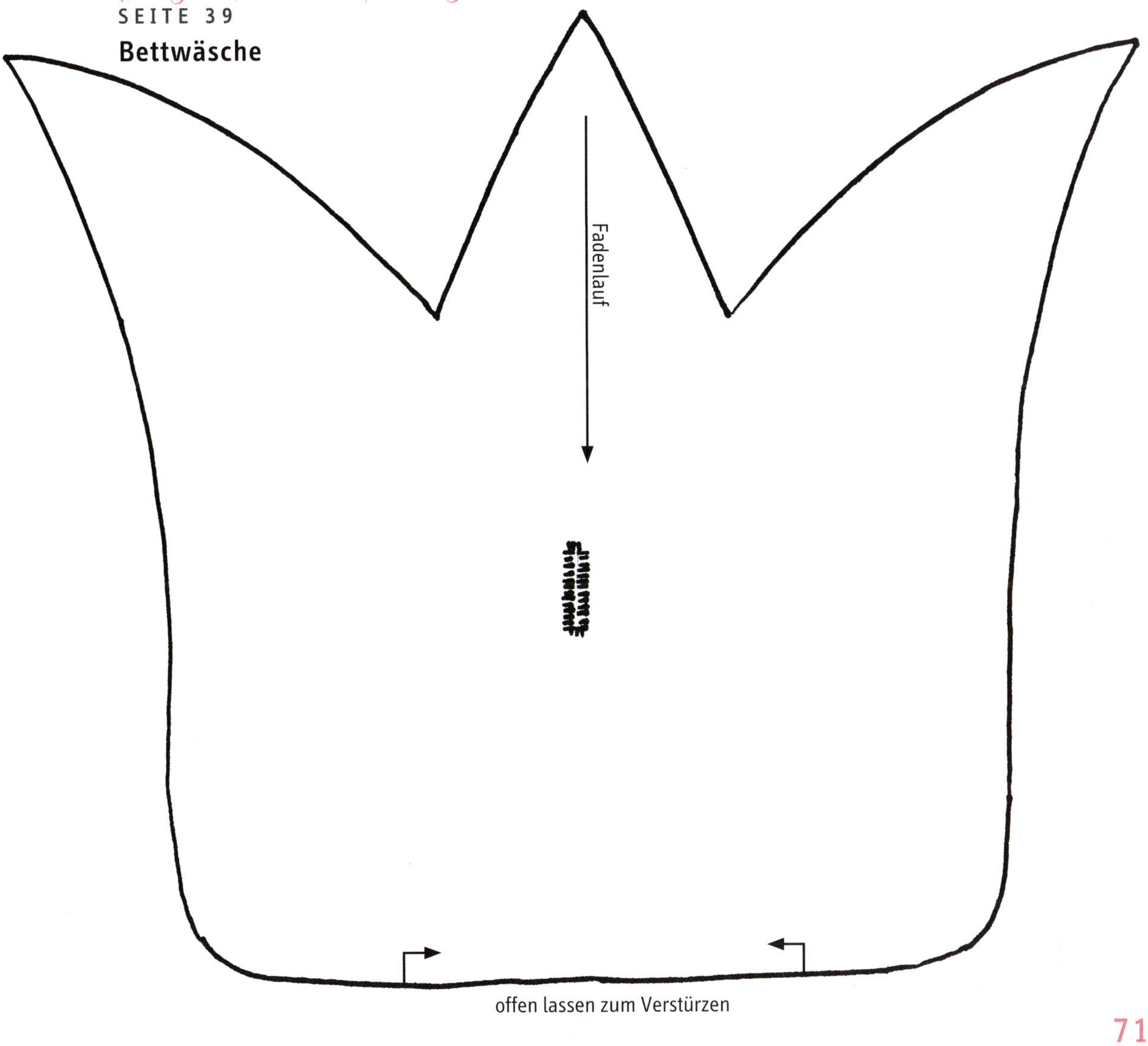

Kuschelweiche Bettwäsche
SEITE 39
Kariertes Herzkissen

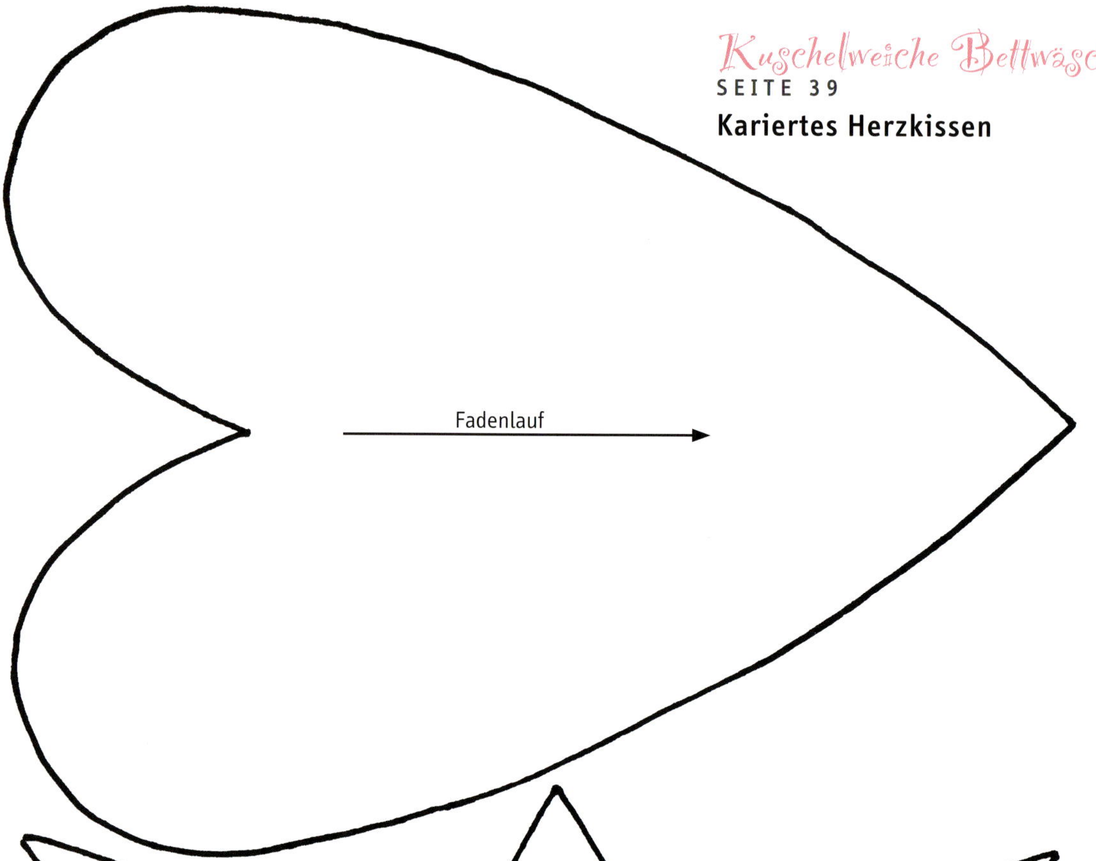

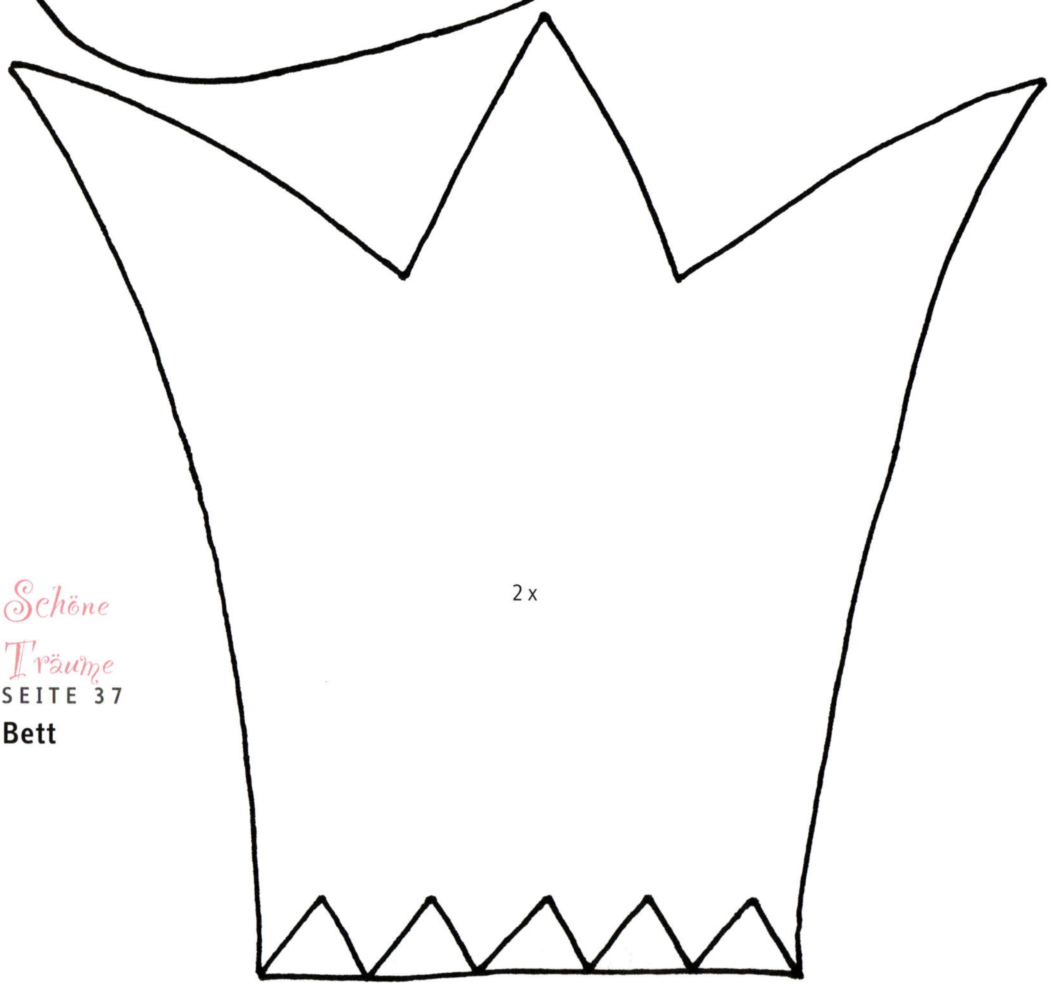

Schöne Träume
SEITE 37
Bett

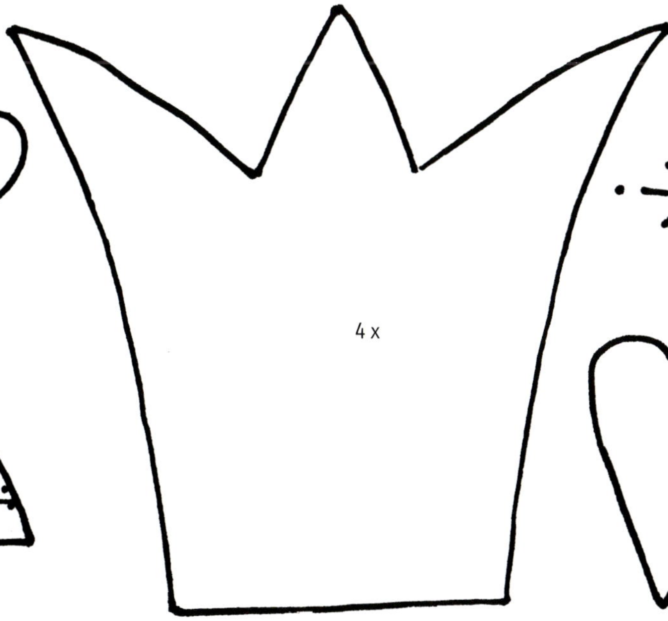

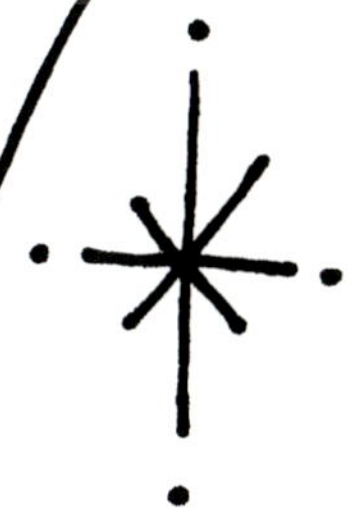

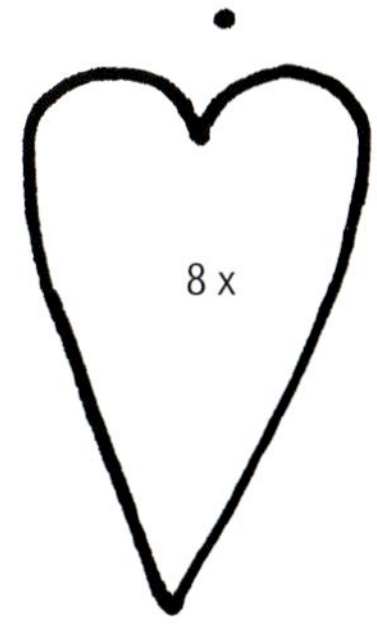

Hübsch aufgeräumt
SEITE 41
Kommode

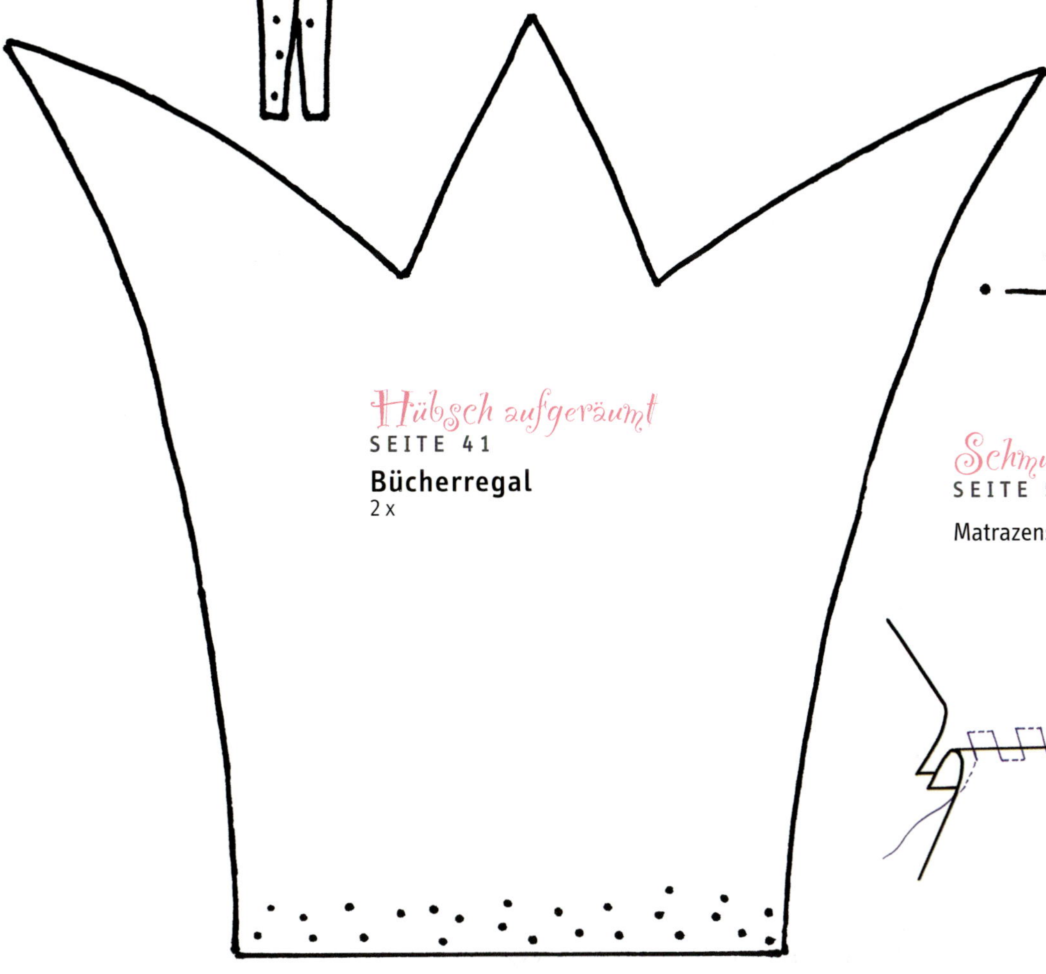

Hübsch aufgeräumt
SEITE 41
Bücherregal
2 x

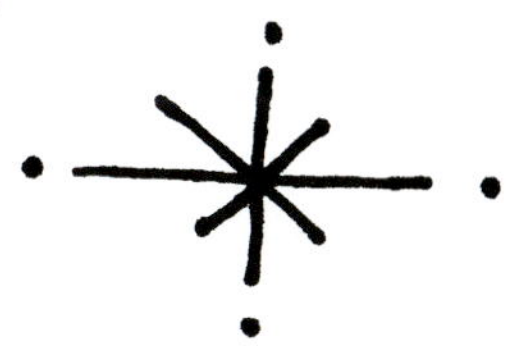

Schmuse-Prinzessin
SEITE 52

Matrazenstich

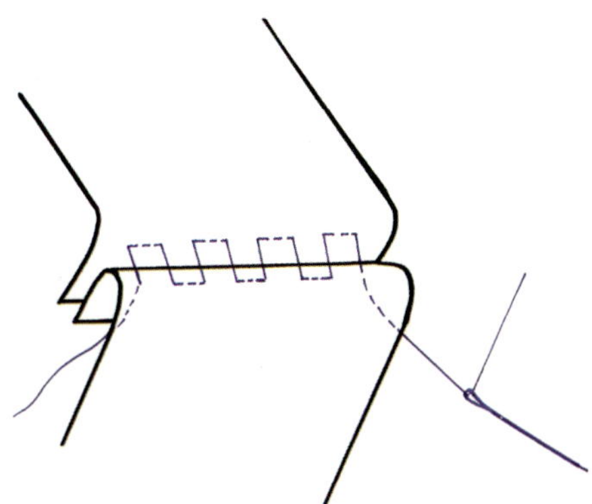

Kleine Geheimnisse

SEITE 59

Schatzkästchen

Zauberhaftes Prinzessinnenbild

SEITE 45

Ein Festmahl für die Prinzessin

SEITE 55

Tasse

rechte Tellerseite

Ein Festmahl für die Prinzessin

SEITE 55

Teller

linke Tellerseite

unten

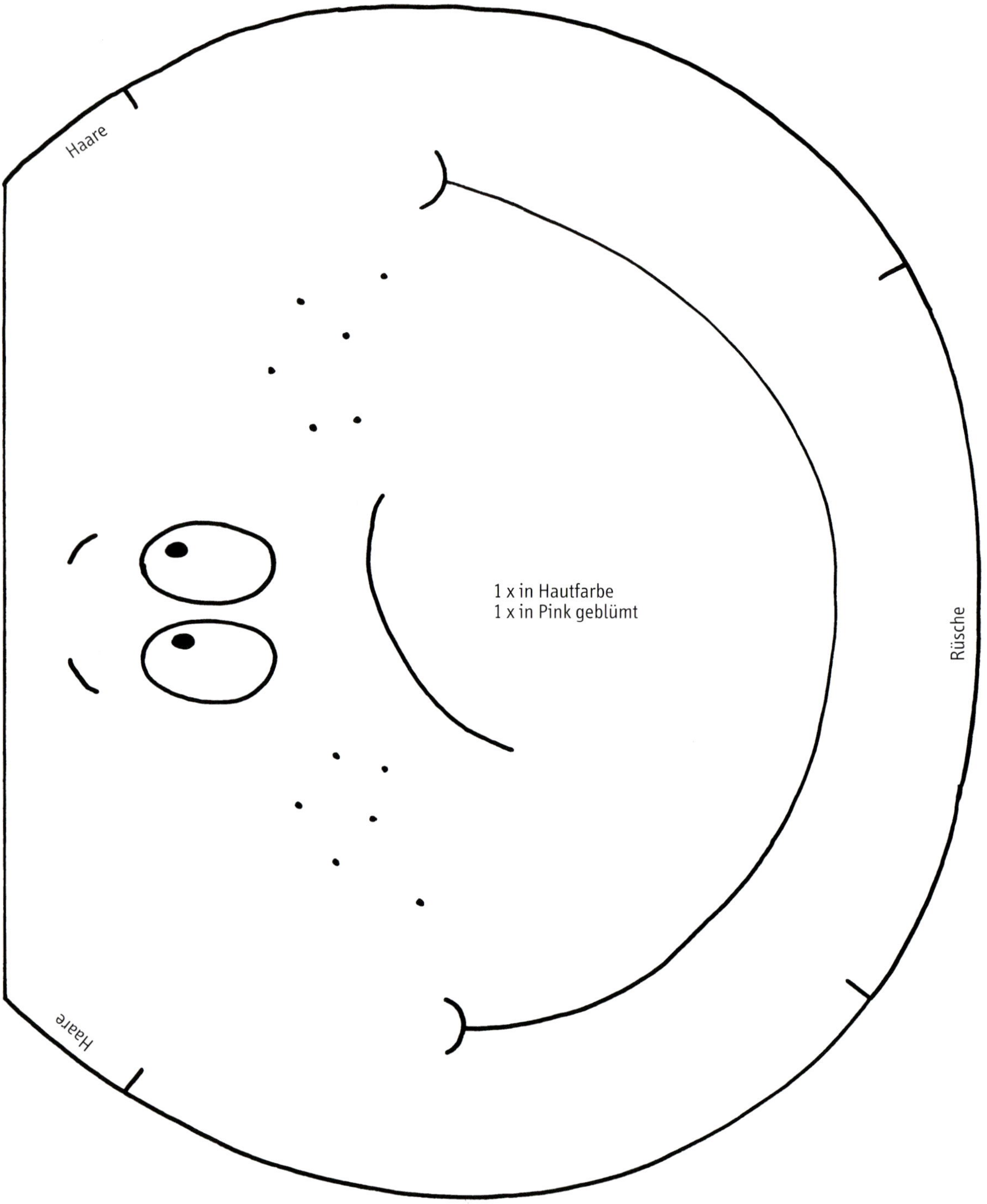

Freche Tasche
SEITE 57

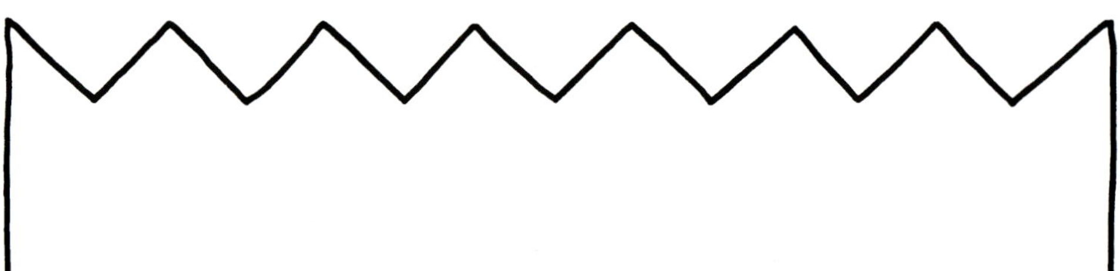

Beschwingtes Mobile
SEITE 61

Für kleine Badenixen

SEITE 67

Handtuch

- » ANC 40
- % ANC 69
- # ANC 97
- ! ANC 108
- + ANC 110
- O ANC 291
- B ANC 403
- ● ANC 313

-	ANC 40
+	ANC 110
O	ANC 291
B	ANC 403
•	ANC 313

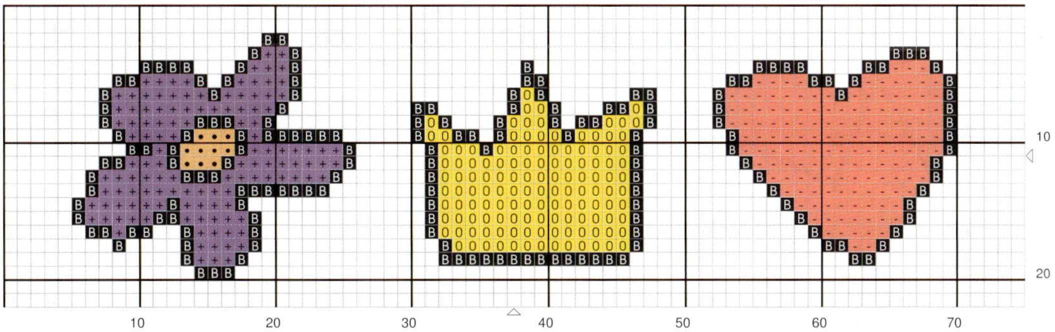

Für kleine Badenixen
SEITE 67
Waschlappen

$	ANC 2
C	ANC 25
#	ANC 97
+	ANC 110
O	ANC 291
B	ANC 403
•	ANC 313
=	ANC 314
1	ANC 6
«	ANC 40
!	ANC 108

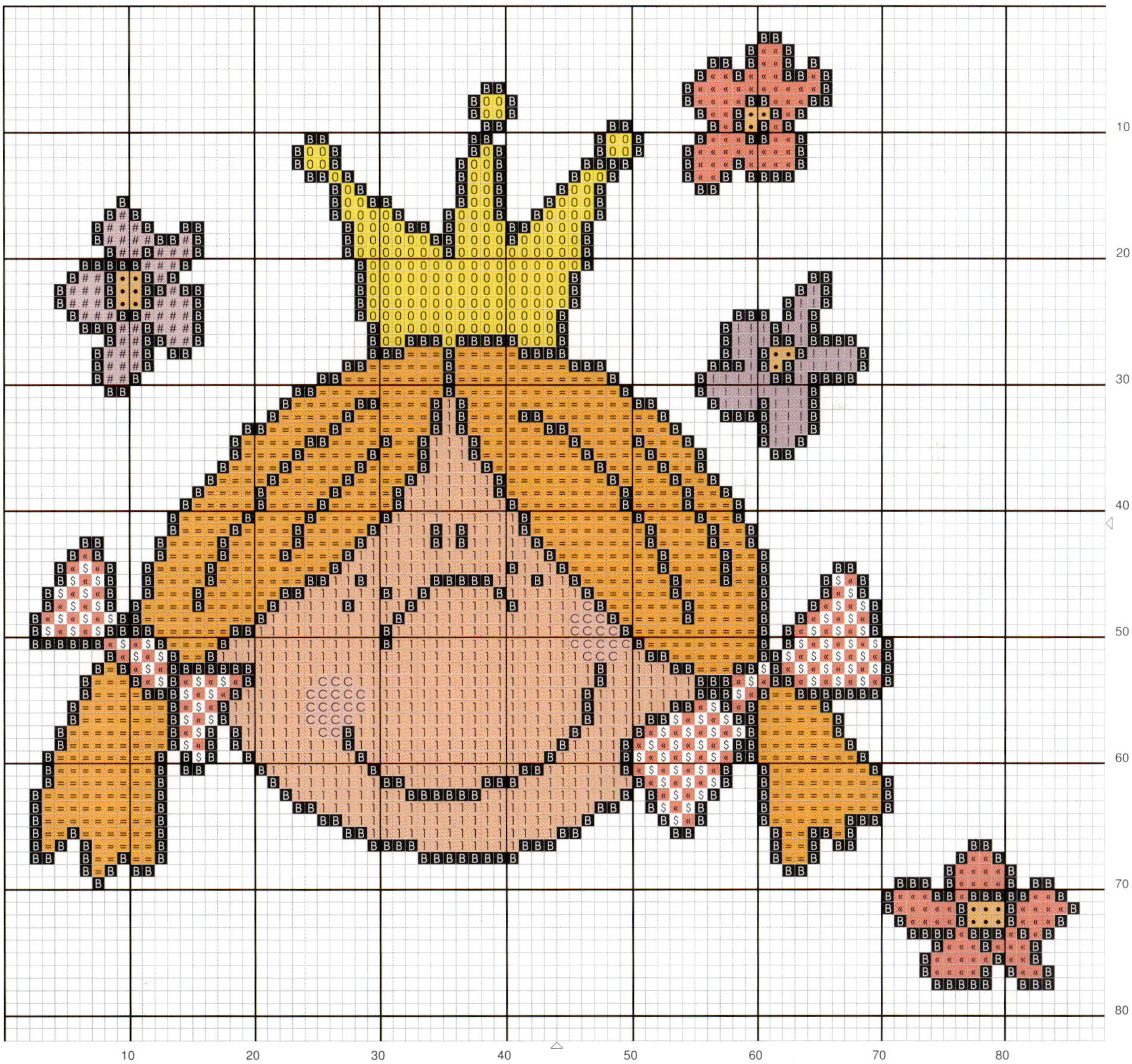

Für kleine Badenixen
SEITE 67
Bademantel

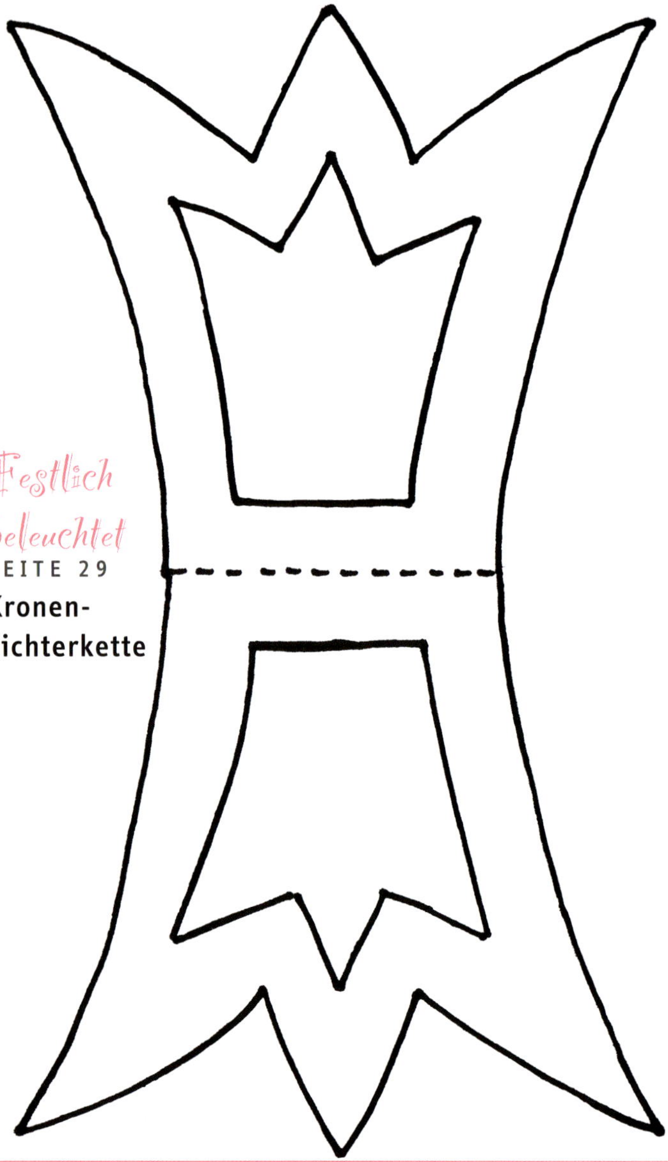

Festlich beleuchtet

SEITE 29

Kronen-Lichterkette

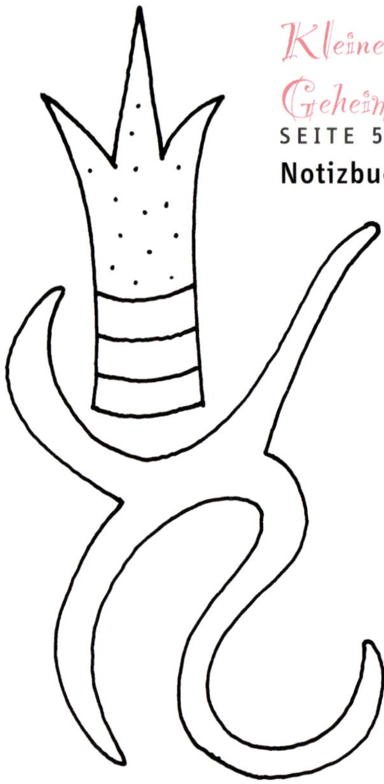

Kleine Geheimnisse

SEITE 59

Notizbuch

Prinzessin Lena

SEITE 29

Krone

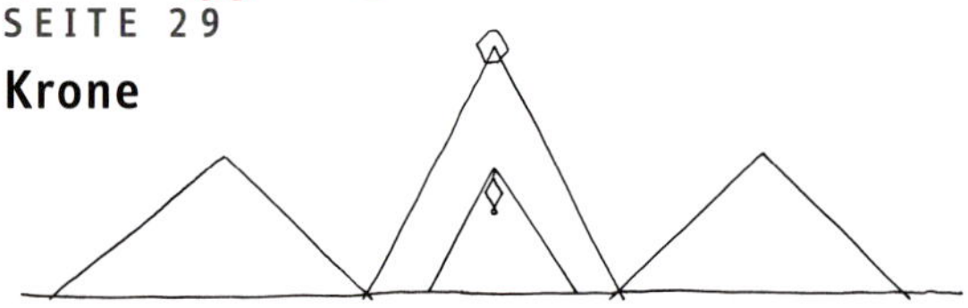

DIESES BUCH ENTHÄLT 1 VORLAGENBOGEN UND 1 STICKERBOGEN

IMPRESSUM

MODELLE: Sandra Blum (S. 15, S. 21, S. 29, S. 31, S. 37, S. 39, S. 41, S. 47, S. 65), Anja Ritterhoff (S. 8, S. 19, S. 23, S. 25, S. 26, S. 45, S. 49, S. 55, S. 59), Heike Roland und Stefanie Thomas (S. 11, S. 33, S. 35, S. 43, S. 52, S. 57, S. 61, S. 63, S. 67)

FOTOS: frechverlag GmbH, 70499 Stuttgart, Fotostudio Ullrich & Co., Renningen (Umschlag, alle gebastelten Modelle und Mädchen auf S. 50), Mauritius/SuperStock (Stöckelschuhe, S. 51), Mauritius/Herbert Kehrer (Schloss Neuschwanstein, S. 51)

DRUCK UND BINDUNG: Finidr s.r.o., Cesky Tesin, Tschechische Republik

Auflage:	5.	4.	3.	2.	1.	
Jahr:	2009	2008	2007	2006	2005	[Letzte Zahlen maßgebend]

ISBN 3-7724-5237-X
Best.-Nr. 5237